国語教育選書

対話的に学び「きく」力が育つ国語の授業

益地憲一 監修
国語教育実践理論研究会 編著

明治図書

まえがき

　「話すこと・聞くこと」の学習指導を確かな手応えのあるものにしたい。しかし，その具体化と充実は難しい。特にどちらかと言えば受動的で内面的な理解活動である「聞く」は，その活動の実態や成果の的確な把握は困難であり，指導と評価には苦労する。
　こうした思いは，音声言語指導に当たって多くの教師が抱くところである。そうした困難を乗り越えるために聞き取りメモの活用など様々な工夫や試みがなされてきたが，音声言語がその場限りで消滅してしまうことや聞き手の内面的受け止めを把握する手立ての不十分なことなどにより，ややもすれば態度的な活動のありさまや情報受容の結果のみを問う表面的・形式的な指導や評価にとどまりがちであった。
　「話す」と「聞く」は切り離すことのできない一体の活動であることはわかっていながら，実際の学習指導においては「話すこと」と「聞くこと」を分けて，前者は能動的な表現活動の指導，後者は受動的な理解活動の指導として，別々に指導をすることも多かった。別々に指導すること自体は技能的な能力向上などの側面から見て必要なことではあるが，「話すこと」と「聞くこと」とが往還することなく，それぞれが一方通行の活動と見なされると，音声言語教育の担うべき，社会生活に資するコミュニケーション能力の育成という役割を見落としてしまう。中でも「聞くこと」が果たすべき能動的な能力の育成からは遠ざかってしまうことになる。
　平成29年版学習指導要領では「主体的・対話的で深い学び」が求められている。そのうち「対話的な学び」は平成10年版学習指導要領で提起された「伝え合う力」の育成，それを受け継いだ平成20年版の双方向的コミュニケーション能力育成の流れの上に立って提起されたものである。そうした「対話的な学び」が成立するためには「話すこと・聞くこと」と一体化して示さ

れているように，対話者相互の協働的な言葉のやり取りによる話の進展や相互理解などが必要となってくる。「聞く」にも受け止め受容する機能だけではなく，対話を進展させ，話を次につなぐ能動的な機能が求められることになる。

　私たち国語教育実践理論研究会（略称「KZR」）では，先行研究に学びつつ，「きく」は単なる受動的な行為や能力ではないという考えに立って，対話的な学びを支える「きく」能力の育成を目指してきた。「聞くこと」のいくつかの能動的機能を確認し，それらの違いを区別するために，「聞く」を「聞く」「聴く」「訊く」と書き分けて，学習指導の段階的筋道やそれぞれの機能に応じた指導のポイントなどを具体的・焦点的に捉えるようにした。（以下本書では「聞く」「聴く」「訊く」を書き分けるとともに，それら三態を包括して示すときは「きく」と表記する。）

　こうした基礎的検討を踏まえて，「きく」（特に「聴く」）の能動的な機能を育成するための具体的めあてや手がかりとなる**能動的に「きく」ことの能力表**を提案し，それに基づく実践を行った。**能動的に「きく」ことの能力表**は能動的な機能として抽出した「つかむ」「ひきだす」「はこぶ」「うみだす」を縦軸に，対話能力の3要素としての「情意」「技能」「認知」を横軸に据えたマトリックスを作成し，各セルの中に具体的な「きく」の姿を位置付けた「きく」能力の基本台帳と言えるものである。日常的に使え，「きく」ことの確かな指導と評価に生かせる能力表である。まずはご自身の実践を能力表に重ねて授業の振り返りに活用し，次に観点や「きく」姿を加除することで自分用の能力表の作成や実践構想に挑戦してみてはどうであろうか。

　本書が，対話的に学び「きく」力が育つ国語の授業の実現にいささかでも役立てば幸いである。

　　2018年7月

　　　　　　　　　　　　　　　　　　　　　　　　　　益地　憲一

―――― 目　次 ――――

まえがき・3

第1章
対話的な学びを支える「きく」力を育てる理論と方法

- ❶ 対話的な学びと「きく」力の育成・**10**
- ❷ 「対話」とそれを支える主体的・能動的に「きく」力・**15**
- ❸ 【能動的に「きく」ことの能力表】と評価・**20**
- ❹ 音声言語教育の史的考察・**24**
- ❺ 対話学習指導と教師の対話力・**30**
- ❻ 音声言語教育研究の成果とこれからの課題・**35**

第2章
【能動的に「きく」ことの能力表】を生かした四つの機能別授業プラン

つかむ

❶ きくことを中心にした単元で，子どもの姿を見とる ………………… 40
　小学1年　単元名：「だいすきなもの」をもとにした，学習者個々の「すきなものマップ」

❷ 低学年におけるきいてメモをとる力 …………………………………… 48
　小学2年　単元名：だいじなことをおとさずに，話したり聞いたりしよう

❸ 子どもが「きく」ことを自覚し振り返る ……………………………… 56
　小学3年　単元名：「きく」の指導について―「子どもたちとともに考える『きく』」―

❹ 日常的・継続的な活動で「話し合い」意識を育む …………………… 64
　小学4年　単元名：話し合いのワザを見つけよう

ひきだす

❺ オープンクエスチョンとあいづちで
　その人らしさを引き出すインタビュー ………………………………… 72
　小学4年　単元名：○○さんらしさを伝える記者になろう

❻ きいて引き出し感想を述べる …………………………………………… 80
　小学5年　単元名：「きく」能力に着目したインタビューの学習

❼ 能動的な受容ができる「きき手」を育てる …………………………… 88
　中学1年　単元名：きいて嬉しい　話して嬉しい　対話をしよう―思いを引き出す―

❽ 相互作用がつくり上げるインタビューの場 …………………………… 96
　中学2年　単元名：インタビューについて考えよう

はこぶ

❾ モニタリングで育むメタ対話意識と「応じる力」……………… 104
　小学2年　単元名：「きく」学習をフォローする「トークタイム」実践

❿ スピーチとフリートークから「きく」を捉える ……………… 112
　小学6年　単元名：ラストスピーチを楽しもう

⓫ メタ対話意識を育む…………………………………………… 120
　中学1年　単元名：メモカード・プレゼンテーションで伝えよう

うみだす

⓬ きいてほしいことを伝える・伝えたいことをきく ………… 128
　中学1年　単元名：私のお気に入りの本をポップで紹介しよう

⓭ 古文を協同で読み合い，「きく」力を高める………………… 136
　中学2年　単元名：兼好法師に学ぶ

⓮ 話し手を支えるきき手を育てる「企画会議」………………… 144
　中学2年　単元名：メディアの特徴を生かして伝えよう

コラム

1. 生徒の「きく」姿を把握する・**152**
2. ホワイトボードを活用して「きく」力を育てる・**153**
3. ＰＣタブレットを活用して聴く力を育てる・**154**
4. リフレクションタイムが育てる「きく」力・**155**
5. 大切なことを意識して「きく」という生活習慣・**156**

あとがき・**157**
執筆者紹介・**159**

第1章

対話的な学びを支える「きく」力を育てる理論と方法

1 対話的な学びと「きく」力の育成

◼ 今求められる対話的な学び

(1) 「対話的な学び」とは

　平成29年版学習指導要領では，子どもたちの主体的で対話的な学びを通して思考力・判断力・表現力の育成を目指すことが求められている。学びのありようとして示された「対話的な学び」は，学び手が外面的にも内面的に他者（内なる他者としての自己も含む）と向き合い，相互交流を通して深め合い高め合うことを目指す学びである。それぞれが思いついたことを一方的に言って終わるというようなことではなく，他者を理解し共に学びを深めていくための言葉の往還に支えられた協働的な学びと言えよう。

(2) 深い学びを生み出す「対話的な学び」

　「対話的」に学ぶことは，話し手と聞き手の立場を入れ替わりながら談話を進めていく対話のように協力して学びを進めていくことであるが，「対話的」の「的」には，単なる立場の交代だけではなく，「対話」に加わる責任や他者に向き合う真剣さがこめられているように思う。それゆえ，それは押しつけられ強制された学びでもないし，無自覚な学びや独善的な学びでもない。

　「対話的な学び」のよさは学習への参加意識や連帯感に支えられた高い満足感を生み出すだけではない。「対話的な学び」の場に参加するためには，まず自分の発話内容をあらかじめしっかりと考えておかなければならない。また，対話を進める際には，他者の考えの要点や背後に込められた思いなど

を瞬時に捉えたり，話された内容がそれまでの話や課題につながるように位置付けたりすることなども大切である。さらに，「対話的な学び」の途中や終了後にそれまでの展開や内容などについて振り返ってみることも求められる。このように「対話的な学び」に求められる要件を書き出していくと，その学びは主体的に進めていこうとする学習者を，視野の広がりや思考の明確化などを伴った深い学びに導いてくれる学びであることがわかってくる。

2 「話す」と「聞く」は「対話」の両輪

(1) 「対話」を成り立たせる「話す」と「聞く」

　平成10年版学習指導要領で提起された「伝え合う力」の育成は，平成20年版を経て，平成29年版にも受け継がれている。音声言語指導の中心に一貫して双方向的なコミュニケーション能力（話し合う力）の育成が位置付けられている。教科の領域区分も平成10年版以降「話すこと・聞くこと」「書くこと」「読むこと」の三つの柱が踏襲され，「話すこと」と「聞くこと」は一体のものとして示されている。ただ，これまで「聞くこと」は能動的な「話すこと」に伴う付随的で受動的な活動と見なされ，音声言語指導の実践や研究の対象も能動的で捉えやすい「話すこと」に偏りがちであった。「聞くこと」に正面から取り組んだ研究や実践はあまり多くはなかった。

　しかし，話し合いは「聞くこと」がなければ成立しない。聞き手がどう受け止めてどう返すかということで話し手の意欲も変わるし，話の内容や展開，話し方や，方向や結論までも変わってくる。話す活動だけがあっても「聞く」という返しがなければ，対話は建設的につながってはいかない。

　「話すこと」と「聞くこと」とがうまくかみ合って初めて話し合いは成立し充実することになる。「話す」「聞く」は車の両輪のようなものである。

(2) 能力の系統性に基づいた「対話的な学び」

　「対話的な学び」においては，「対話」を主な具体的手立てとしている。

「対話」を「対話的学び」という具体的な学びの場に下ろしていくとき、学習目標や学習形態、具体的な言語活動など、考えなければならないことは多い。中でもそれら全てに関わる学習者の発達段階は見落とせない。学年の到達目標や学習者の能力的実態に合わせてどのような「対話的学び」を設定し体験させるかという視点である。これを明確に持っていないと、場当たり的な指導に陥り、系統性を持った対話能力の育成にはつながっていかない。

　本書では系統性について具体的に説明をすることができなかったが、例えば、村松（2001）[1]の次のような提案は参考になるだろう。すなわち、対話能力の系統として【受容的対話能力→対論的対話能力→協働的対話能力】を示したことや、「小学校から中学校にいたる実際の対話能力の学習は」「5段階（筆者注：小学校低学年・中学年・高学年、中学校前半・後半）の経験として組織するのが妥当だ」との考えに立って提示した「対話能力学習の系統」表などである。特に後者は、各段階の「対話能力学習」において学習者に味わってほしい「快感情」を、例えば、小学校低学年は「つむぎ合う楽しさ」、中学年は「わかち合う喜び」のように目標として示していることは示唆的である。どのような「快感情」をどのような具体的な経験を通して味わわせるのかをさらに検討することが必要ではあるが、学習者が「勉強」ではない「学び」の目標を持って、気負わずに自然な構えで対話的な学習を行えるように思うからである。

3　「きく」の能動的機能

(1)　「きく」の三態―「聞く」「聴く」「訊く」―
　対話や「対話的な学び」を進める上で「聞くこと」が大切であることは既に述べたが、その「聞く」は、「聞く」「聴く」「訊く」と書き分けることができる。その違いは様々に説明されている。例えば「聞く」と「聴く」を、前者を受動的な「聞こえてくる」、後者を能動的な「聞こうと思って聞く」と意味付ける。これは、「聞く」主体の情意面の違いとしてわかりやすい。

また，「訊く」は聞き手がより能動的・主導的な役割を果たす活動として「話の内容がより確かにわかるように問いかけるきく」と意味付けをする。受容一方の「聞く」や「聴く」とは異なり，能動的に問いかけることで話し手と聞き手の間の双方向の交流（対話）につながるという捉えである。このように，これまで「聞く」と一括りにしてきた活動を書き分けることで，学習指導と評価とを具体化・焦点化しやすくなる。

　こうした考えと通じるが，村松（2001）[2]は，「『聞く』は相手のことばを全体として受入れることである。これに対して『聴く』は，焦点を絞って理解しようとすることである。そして『訊く』は，わからないところを問い返して，もっとよく知ろうとすることである。つまり，『聞く→聴く→訊く』は，相手をよりよく理解するプロセスに対応しているのである。」と言う。対話はまさに「相手をよりよく理解する」ために行われる。本書ではその考え方を基本的に受け入れている。ただ，「聞く」「聴く」「訊く」に３分類するだけでは「聞くこと」の内容や働きを十分に説明できないことから，それら全ての機能に関わったり包含した場合は「きく」と平仮名で表記し考えを進めることとした。

⑵　「きく」の能動的機能
　「きく」は，その対になる「話す」との対比から，その営みや機能は受動的で動きの少ないものと見なされてきた。しかし，既に述べてきたことからもわかるように，「きく」には対話を先に進めたり，対話の内容を整理したり方向付けたりする能動的な機能がある。

　例えば，「傾聴」などにも使われる「聴く」は，相手の話をしっかりと受け止めるだけでなく，話の内容やねらいや話し手の思いなどまでも聞き取ろうとする理解活動である。聞き取ったものに価値を見いだしたり心惹かれたりすれば，自然に，真剣に，もっと聞きたくなる。そして，話し手に問いかけたり評価を伝えたりして話を進めたくなる。その働きかけをしたとき，本当の対話が始まり，対話が進展していくことになる。こうした強要された

ではない，形だけでもない対話を生み出すのは，受容的機能だけを持つと考えられてきた「きく」の働きに基づくことが多いのではないだろうか。中でも「聴く」にはそうした機能が多くあるように思われる。

4 「聴く」に着目した【能動的に「きく」ことの能力表】

(1) 【能動的に「きく」ことの能力表】の作成と活用

「きく」ことの能動性に注目し，その指導の明確化のために，20ページに示すような能力表を作成した。その詳細は第1章の3に譲るが，対話を進める「きく」の能動的機能を「つかむ」「ひきだす」「はこぶ」「うみだす」という，イメージしやすい具体的な対話の促し方を示すとともに，対話能力の3要素「情意」「技能」「認知」を組み合わせている。表のセル内に示された学習者の能動的な「きく」姿を手がかりにし，「きく」ことの指導や評価を実践的なものにすることをねらっている。

(2) 能力表の活用による効果

この能力表は，代表的な「能動的にきくことの能力」を抽出し，その一覧を示した能力台帳である。台帳ではあるが汎用性や使いやすさなどを考えて「きく」に焦点化し，シンプルにまとめている。この能力表によって学習指導のめあてや授業におけるきく活動の機能や意味を明確に押さえるとともに，授業計画の立案や学習評価・授業評価の観点や基準決めにも活用できるように考えた。目に見える台帳としての位置付けにより，指導すべき能力の見落としがなくなり，指導の系統性を押さえることも容易になった。学習者に，学びのねらいや付けようとする能力を自覚させることにも活用できよう。

(益地　憲一)

---

(1)村松（2001）　村松賢一『対話能力を育む話すこと・聞くことの学習』明治図書　2001.3
　pp.64−67
(2)村松（2001）　出典は注(1)に同じ　pp.64−67

2 「対話」とそれを支える主体的・能動的に「きく」力
―「対話」の概念規定とこれまでの能力表に着目して―

■1 「対話」の概念規定をめぐって

(1) 西尾実による「対話」の定義付け

「対話」は，多様な捉え方がなされてきた言葉である。「対話活動」等，言語活動の形態を示す場合もあれば，「対話を拓く」といった質的要素や価値内容を含んだ意味で用いられることもある。

前者の捉え方としては，西尾（1956）の次の定義が広く人口に膾炙している。

> 対話は，ひとりとひとりが相対で行う話しあいで，話の進むのにつれて話し手が聞き手となり，聞き手が話し手となる，談話のいちばん基本的な形である[1]。（傍線＝引用者　以下同様）

一対一の話したりきいたりする言語活動が「基本的な形」とする西尾の把握をまず押さえておく。近年の学習指導要領が，領域構成を「話すこと」と「聞くこと」に分けず，「話すこと・聞くこと」としていることにも関わってくるし，きくことの指導の在り方を考える上でも参考となろう。「対話」が「一対一」という枠組みをはずして用いられることも多くなったが，そこでも，西尾が言う双方向性や対話が談話の基本であることは揺るがない。

(2) 近年の対話概念

西尾の概念規定は，長年，国語教育界において広く用いられ，これを踏まえて多くの授業実践が生み出された。その一方で，近年は，西尾の見解と異なる「対話」の定義付けも少なからず提示されつつある。

大内（2008）は，西尾の「対話＝一対一」という「判断」を批判し，「『対』は『つい』（＝ペア）と解するよりも『対面』の『たい＝向かい合う』という意義」，「それも，単に形の上で向かい合うというより，もっと<u>全人格的に内面的に向かい合う</u>という意義に解すべきである」とする[(2)]。近年の「対話」の意味把握においては，大内のこの言説のように人としての関わり方や内面的な向き合い方を含めて「対話」を規定したものが多い。
　平田（2001）も，「対話とは，<u>他者との異なった価値観の摺り合わせだ</u>」とし，「その摺り合わせの過程で，自分の当初の<u>価値観が変わっていくことを潔しとすること</u>，あるいはその<u>変化を喜びにさえ感じる</u>ことが対話の基本的な態度である」とする[(3)]。本稿では，対話を談話の基本と捉える西尾の考え方を踏まえつつ，対話に求められる当事者の姿勢やコミュニケーションの質にも着目し，対話とそこで求められる「きく」力について考えていきたい。
　なお，これらの対話概念の底流には，マルティン・ブーバーの「我と汝」，パウロ・フレイレの「謙譲」，ユルゲン・ハーバーマスの「了解」，ミハイル・バフチンの「能動的受信」等々の思想が見いだされるが，本稿では紙幅の関係でこの点については割愛する。ただ，私たち実践に関わる者は，小手先だけの方法・技術にのみ目を奪われ，性急にハウツーを求めるのではなく，ときにこのような源流に立ち戻って考えることを忘れずにおきたい。それが，本質をはずさない対話指導，「きく」ことの指導につながるはずである。

2　対話と「きく」ことの能力表

(1)　『昭和26年改訂版小学校学習指導要領国語科編（試案）』が示す「きく」力
　多田（2006）が「聴くことは対話の基本」とするように[(4)]，対話の進展，深化のためには，話すこと以上に「きく」ことが重要となる。対話者の「きく」力が問われるのである。ここでは，西尾の言う双方向性とそのために求められる能動性，また大内らの言う向き合い方や態度に着目しつつ，また「他者」との対話を想定しつつ，先行研究としての能力表を見ていきたい。

まず参照しておきたいのが、『昭和26年版小学校学習指導要領国語科編〔試案〕』第三節国語能力表の「聞くことの能力」である。この能力表では、第1学年の最初に「仲間にはいって、聞くことができる」という能力が位置付けられている。「仲間にはい」るためには、情意が問われる。一見初歩的な力に見えるが、学習者の背景にある日常の人間関係にまで及ぶ能力であり、音声言語を規定する「場」の問題や新学習指導要領に掲げられた「学びに向かう力、人間性等」という文言にも結び付く能力の捉え方である。

　また、第2学年に「かわるがわる聞いたり、話したりすることができる」があり、これが対話的な「きく」ことの最初の能力となっている。対話的・能動的な「きく」としては、中学年に「感想や意見をもつように聞くことができる」（第3学年）が、高学年になって、「聞きながら、自分の意見をまとめることができる」（第5学年）が位置付けられている。また、「相手の意見を尊重して」（第4学年）と「話の内容を批判しながら」（第6学年）の双方の「きく」があり、相手に敬意を払い素直に意見を受け入れる姿勢を持ちつつ、同時に相手に迎合するのではなく、批判すべき点は批判するという対話に求められるきく姿勢が示されている。同時に、能力表には「いたずらをしたり姿勢をくずしたりしないで」（第1学年）、「簡単な作法を守って」（第3学年）のような「しつけ」に関わる「きく」も位置付けられており、能動的にきく力を高める学習がこのようなしつけ指導の中に埋没するのではとの危惧も感じる。なおこの能力表には、6学年で41の能力が示されている。

(2) **実態調査に基づいた能力表**

　声とことばの会（1998）の「聴く力の能力表」[5]は、同会が7408名の児童・生徒を被験者として実施した「小中高校生聞き取り能力に関する調査」の調査結果に基づいて作成された点に特色がある。この調査では、「必要な情報を選んで、的確に聞き取る能力」、「相互関係や妥当性を判断して、批判的に聞き取る能力」、「質問したり反論したりして、新たな考えを得る能力」が弱いという学習者の実態が捉えられた。能力表は、これを受け、「聴く」

ことに的を絞り，34の「聴く力」の指導系統を示す。なお，この能力表では，最初の能力が「おしゃべりをしないで聴く」となっており，まずきちんと「きく」体勢を整えることが学習指導の起点となっている。

(3) コミュニケーションモデル及び学習モデルに基づく能力表

　植西（2015）の「聴くことの能力表（試案）」[6]は，「きく」ことの能力に関わる先行研究とともに，対話的コミュニケーションを図にした「コミュニケーションモデル（試案）」と「聴くことの学習モデル（試案）」を踏まえている。「コミュニケーションモデル（試案）」は，コミュニケーションを，「言葉のキャッチボール」的なものとしてでなく，対話者が双方向的働きかけを重ねて場の中で「意味の生成」を行い，それぞれが自己を変革する中で，それを「深化・発展」させていく社会的行為と捉える。また「聴くことの学習モデル（試案）」は，①受信準備，②受信，③吟味，④創造，⑤発信の学習過程を想定し，このうち①〜④までを「聴く」と捉え，そこで行われる思考操作とフィードバックを示している。この「聴くことの能力表（試案）」が示す能力は，情意に関わる力が9，技能に関わるものが24である。

(4) 能動的にきき，対話を拓く力を高める道筋を示す能力表へ

　以上，三つの能力表について検討を加えたが，いずれにおいても双方向的コミュニケーションが重視され，「きく」ことが意識的・主体的で，能動的な行為と把握されている。しかし，この考え方に立って，どの段階で，どのような「きく」力を身に付けさせていくべきかという系統については，異なる点も少なからずある。学習者の発達を見通した能力表の中に，「きく」力を育てる道筋をどう描くかについては，さらに調査や実践を通した吟味が必要であろう。ただ，私たちの今回の提案においては，学習指導の起点に，「きく」ための関心・意欲の喚起と態度形成，双方の統合を目指した「きく」を挙げた。次項の能力表，上段左端の「興味を持って最後まできく」である。また，前掲の能力表に見られた，「いたずらをしたり姿勢をくずしたりしな

いで」や「おしゃべりをしないで」等の禁止・規制につながる文言は避けた。対話を拓く主体的・能動的に「きく」力を育てることに焦点化した能力表の提案である。

3 「きく」力が「主体的・対話的で深い学び」を拓く

　今回の教育課程改訂で，「主体的・対話的で深い学び」の実現が打ち出された。ここでの「対話」は，自己内対話やテクストあるいは学習者を取り巻く世界との対話も含んでいると考えられる。しかし，その中でもやはり鍵となるのは音声言語を通した学習者間の対話である。そして，その対話を深め意義あるものにするのが，学習者の「きく」力に他ならない。まさに「きく」力が，「主体的・対話的で深い学び」を拓く。国語科が担う役割は大きい。アクティブ・ラーニングを「活動あって学びなし」の状況に陥らせてはならない。「深い学び」に誘うものにする必要がある。授業者一人一人に，先行研究を踏まえてそれぞれの能力表を頭に描き，「きく」ことの系統的指導に取り組んでいくことが求められている。

（植西　浩一）

⑴西尾（1956）　西尾実・倉澤栄吉・滑川道夫・飛田多喜雄・増淵恒吉編『国語教育辞典』朝倉書店　1956.12　p.424
⑵大内（2008）　大内善一「国語科教育実践用語の用法をめぐる問題―『対話』ブームの中で考えさせられること―」・『教育実践学研究』第12号　教育実践学会　2008.3　p.32
⑶平田（2001）　平田オリザ『対話のレッスン』小学館　2001.10　p.215
⑷多田（2006）　多田孝志『対話力を育てる』教育出版　2006.5　p.70
⑸声とことばの会（1998）　高橋俊三・声とことばの会『聴く力を鍛える授業』明治図書　1998.9　pp.24-25
⑹植西（2015）　植西浩一『聴くことと対話の学習指導論』溪水社　2015.2　p.44

3 【能動的に「きく」ことの能力表】と評価

1 【能動的に「きく」ことの能力表】

　「きく」ことの学習指導では，どのような「きく」能力をどのように指導し評価するのかということが大きな課題である。その課題の解決のために，「きく」ことの能動的な機能に焦点を当てた**能動的に「きく」ことの能力表**案を作成した。

　縦軸に「つかむ」「ひきだす」「はこぶ」「うみだす」の四つの「きく」ことの機能を置いた。この4機能は，本会で「きく」ことの機能にはどのようなものがあるか日頃の実践場面を想起してこの四つを抽出，整理したものである。横軸に「情意」「技能」「認知」を置いた。この3要素は，村松(2001)の対話能力の3要素を踏まえている。そして，各セルにどのような「きく」姿があるかを配置した。

機能／三要素	情意	技能	認知
つかむ	・興味を持って最後まできく ・納得するまできく	・話題を捉えてきく ・順序や話の中心を捉えてきく ・メモをとりながらきく ・事実と意見，発言の異同を区別してきく	・きいてわかったことに気付く ・必要な情報を選んできく
ひきだす	・知りたいことをきく ・目的を自覚してきく	・わからないことや疑問をきく ・話し手の立場や意図を考えながらきく	・相手の言いたいことを予想しながらきく
はこぶ	・相手の気持ちに配慮してきく ・批判を冷静にきく ・反応を返しながらきく	・批判しながらきく ・先を予測しながらきく ・自分のきき方を振り返りながらきく	・流れに合っているか考えながらきく ・根拠の信頼性を考えながらきく ・論の展開や着地点を考えながらきく
うみだす	・相手の意見を尊重してきく ・合意や新たな価値を求めてきく	・自分の意見をまとめながらきく	・他の情報や自分の考えなどとを関連付けてきく

① 「つかむ」：「きく」ことの基本的な機能として，話の内容を正確に，あるいは的確に聞いて理解することが必要である。能動的な「きく」ことはこの基本的な「きく」ことからスタートする。「つかむ」ことなしには「きく」ことの深まりも期待できない。ただ，最も大切なのは，つかんで理解できたかということよりも，つかもうとすること，またきいてわかった，面白いという伝わる感覚を受け取ることである。それが「きく」ことの出発点である。

② 「ひきだす」：きき手としてわからないことやもっと知りたいことを問うこと，話し手の話したいことを引き出して働きかける機能である。明示的に述べられていないことまでを引き出すことや，その上で深い理解や合意に至ることが期待される。

③ 「はこぶ」：対話や話し合いを先に進めたり，話の内容を結び付けて考えたりするために，関わらせる機能である。目標や目的に照らして意見を批判的に吟味しながら建設的に検討し，話し合いや対話を深め進める機能を想定している。きいた内容どうしのつながりを考えることが重要な要素になる。

④ 「うみだす」：合意や新しい認識に至るような，対話を深める創造的機能である。対話や議論の末に，自らの認識を深めたり新たな価値に気付いたり，合意に至るような機能である。

この表のセルの中の，個々の能力については，先行研究の能力表も参考にしつつ，能動的な「きく」ことの能力に焦点化した。そして，細かく網羅的に能力を洗い出し整理することよりも特に必要不可欠な，核となるような能力を示すことをねらった。したがって，一見不十分な能力表だと指摘されるかもしれないが，能動的という観点からミニマムを押さえることで，実践の指針になるものを選んだ。

実践に当たっては能力表の中のどの能力を伸ばそうとしている指導なのかを明確にし，その能力を付けるための指導を考え，その能力を見るためにどう評価するかを考えていくようにしたい。また，一方で，これまでに行われ

た実践や発表を振り返って，その指導をこの能力表に位置付けるという捉え方もできるのではないかと考えている。

　この四つの機能は，必ずしも「きく」ことの段階や順序性を示すものとして想定しているわけではない。対話の深まりに沿っているように見えるのは，様々な場面でのやり取りにおいては，「つかむ」ことがスタートになることが多いし，最終的に「うみだす」ことにつながることが望ましいからである。しかし，やり取りによっては「ひきだす」ことから始まることもあるだろうし，「はこぶ」「ひきだす」を行き来しながら「きく」ことが行われることも考えられる。

　また，表を活用してみると，学年が上になれば，身に付いている能力が多くなるので当てはまるセルが増えてくる。しかし，例えば「わからないことや疑問をきく」というとき，「思いついたらいつでも何でもきく」ということもあれば「今きくべきかを考えてきく」「相手が言いたいかどうかを考えてきく」など多様な「きく」が見えてくる。その学年でのその実践で見える「きく」力をこの表に書き加えていくことも可能になるだろう。

　能力表のどの能力にも関わることだが，能動的に「きく」ことの能力を考える際，前提となるのは，子どもたちが温かい人間関係を形成し互いに信頼関係を築いているということである。その土台があってこそ伸長が望める能力であり，我々教師は，常にそのことを念頭において指導に当たるべきである。

2　能力表の活用

　この能力表を実践に当てはめて考察したり省察する際の活用の仕方としては，この表に書き込みをしたり，省察の記録を欄外に記述するなど，様々に考えられる。今後実際に活用していく中で工夫していくことができると考えている。能力として整理配列するだけにとどまらず，計画段階には想定していなかった学習者の姿や実践してみて気付く学習者の能力など，教師が実践をくぐらせる中で学習を振り返り整理する表として活用できるようにしたい

とも考えている。
　例えば，実践前の子どもたちの「きく」力の実態を把握する指標として使うことができる。また単元の計画を立てる際，その単元で主なねらいとする付けたい「きく」力をこの能力表に則り抽出することもできよう。さらに実践中や実践後に，子どもたちの学ぶ姿からどの力が発揮されていたか，どの力があまり見られなかったかなどを振り返るときの指標として活用することもできるであろう。
　教師がねらいとしていた能力と，実際に学習者に付けられたり使われたであろう能力で，一致するところと一致しない場合もあって当然かもしれない。この表に照らして振り返ったからこその気付きであろう。どうすればねらいとしていた能力を育てられたか，またその能力は，既に学習者に備わっていた能力だと確認することにも生かせると考えられる。

3 「きく」能力と学習の評価

　これまで，「きく」ことの評価の難しさが指摘されてきている。その場で消えてしまう音声であるゆえ保存性が難しいこと，さらにきいていたことやそれによってきき手がどう考えていたかは，意図的に意識させ記録させないことには評価できないからである。評価のための工夫が求められる。
　学習者自身が自分のきいていたこと，そのとき考えていたことを自覚化，メタ認知化させるための手立てが必須である。また，それは評価するためだけではなく，そのことによってきき手自身の「きく」力そのものも鍛えられるためと考える。さらには友達と評価し合う場を設定することで，自分がきいていたことを客観的に振り返ることもできる。また友達のきき方から学ぶこともあるだろう。それらを見とりのデータとして，教師が評価をしていくことも有効な評価方法になると考えられる。
　本書の実践編では，この能力表のどこを意識して取り組んだ実践かを能力表に網掛けして示し，その学習の様子と評価の一端を示した。　　（阿部　藤子）

4 音声言語教育の史的考察

　音声言語教育は学制以降盛衰を繰り返している。ここでは最も充実したと言われる昭和中期までの経緯に着目し，継承すべきものを見いだす。

1 「聞く」「話す」が教育として見いだされるまでの道程

(1) 教育の萌芽期（明治前期）

　明治時代になり「学制」（1872）[1]が公布され「必ず邑に不学の戸なく家に不学の人なからしめん事を期す」として，四民平等の立場から全ての人々に開国進取の観点に立った教育の普及が始まった。

　当初は，知識伝授が主目的であったため，素読を中心にした「空読暗誦主義」の教育であった。その後，ペスタロッチの心理学に基礎を置いた自発活動の原理，直観の原理，合自然性の原理による心性開発を目指す「開発教授」が取りざたされたが，指導の実際はまだ教師の一方的な発問が中心のものであった。さらに，ヘルバルトの教育思想が取り入れられ子どもの興味の喚起を重視したが，目的が「道徳的品性の陶冶」などを中心としたため，管理的に形式的順序を踏んだ授業だった。

　「小学校令」（1886）[2]で読書・習字に加え作文が教科となったが，国語に関わる教育が古文教授から抜け出し切れなかった時期と捉えられる。

(2) 「話し方」に目を向けた教育方法の模索期（明治後期）

　「国語科」として教科がまとまった改定「小学校令」（1900）[3]で，付帯して公布された「小学校令施行規則」に，項目だけだがようやく音声言語教育に関わる「話シ方」という文言が公的に登場した。

樋口勘次郎は樋口（1899）⁽⁴⁾で「読本によらずして談話せしむることをつとむべし。又成るべく講義といはずして『はなし』といふべし」と記した。古文教授から脱却するため，身近なことを学びの対象とし，教師の弁を押し頂くという姿勢を改めさせようとしていることがわかる。また，与良熊太郎は与良（1902）⁽⁵⁾で「話し方の目的は，児童をして自ら思想を整頓配列し，之を発表せしむることを修練するにあり」と，「話し方」の学習を通して子どもを自分の考えを表現できるように導こうとしている。子どもの興味を大切にした身近な題材の談話や，思想を整理した表現に意義が見いだされるようになったことがわかる。

② 「聞く」「話す」教育の意義確立の道程

(1) 「聞く」「話す」教育の意義の提言期（大正期）

　飯田恒作は音声言語教育を体系的にまとめた飯田（1918）⁽⁶⁾に「国語教育では，話方教授が第一義のもの」と記し，子どもの実態を家庭教育に至るまで精査し，表しやすい音声言語で身近な課題について表現し合うことによって学びを深めるようにする教育を行う必要性を示した。

　田中末広は田中（1918）⁽⁷⁾で「児童はこの傾向を善用して，その生命を殺さず，言語の上ばかりでなく，何にも発動的に活動せしむるのが教育の仕事」と子どもの意欲に基づいた自分らしい「真の発表」ができるように導くことで「非常に人格的で，力強い発表の陶冶ができる」と説き，そのための「学校は自分等の研究所である。先生は相談相手である」と感じられる場づくりも提言している。

　峰地光重は峰地（1925）⁽⁸⁾で，まだ文字を知らない子どもの「生活を開拓するには聴方によるより有力な方法はない」と記し，子どもの「聴方」の力を高めることが「生活開拓」を進め「美しい人格者」を育成できると，「聴方」の必要性とその意義を述べている。

　子ども本来の姿を大切にし，子どもの特性，意欲，能力などに基づいて課

題を用意し，子どもの真の思惟を表す言葉を生み出させることを通し，人格形成や生活開拓の基盤を築くことが大切にされるようになったと言える。

(2) 「聞く」「話す」教育の音声言語教育としての確立期（昭和初期）

　昭和初期に入ると，大正15年にＮＨＫのラジオ放送が始まったことを期に標準語教育が急速に伸展し始めた。

　遠藤熊吉は遠藤（1930）[9]の冒頭において「初め言語ありからではなく，初め行動あり，生活あり」「言語は人間の思想，感情，意欲等総じて生活の，音声による表現」したがって「言語教育は言語表現，即ち言語活動，言語生活の指導」と述べ，言語教育においては言語生活の指導の重視を西尾実に先だって主張した。さらに「聴方」について「社会的生活を体現して行く一の生活形式である」と述べ，「聴方」を培うことは「他人の生活に触れて行く」こととなり，社会性を高めていくために必要なものだと説いている。

　輿水実は輿水（1940）[10]で「『独語』は自分で話して自分で聴いてゐるので，その場合自分は一人でも二人であり，しかもその際にこゝは同時に思惟である」と述べ，話すということが話し手の内面的な体験を形あるものとし，一方で自分の話し言葉として表された内容について考えることになるという捉え方を示した。

　「国民学校令」（1941）[11]が発令され「国民科」が新設された。「ヨミカタ一」教師用では「音声言語の地盤の上に文字言語が発達した」と明治初期の発想に戻り，「話し方」を文字言語の理解の道具と捉えた。

　ラジオによって標準語が広まったことで，伝えたいことがそのままに伝わっているかに関心が向いたと言える。また，その内容をメタ的に捉えて自分を振り返ることと，「聴方」を培って他者の生活に触れて自らを振り返ることとで，社会性を高めるとともに「言語生活の向上」を目的とした言語活動が大切にされるようになったと捉えられる。

(3) 「聞く」「話す」音声言語活動の充実期（昭和中期）

『昭和22年度（試案）学習指導要領国語科編』[12]では「国語科学習指導の範囲」の1番目に「話すこと（聞くことをふくむ）」が示され，教育計画が丁寧に表された。さらに『昭和26年改訂版小学校学習指導要領国語科編（試案）』[13]では「聞くこと」が「話すこと」と分かれ一番最初に示された。そして，培うべき能力が聞くことでは41項目，話すことでは66項目にわたって丁寧に記された。

学習指導要領の編纂者でもあった石森延男は石森（1947）[14]の中で「聴きかた」について「言語活動の中で一番根もとになるもの」とその学習の重要性を説くとともに，「一語一語の音声を聴きとって，その意味を理解し，前の話をよく記憶しておき，新しい話と結びつけて考えていかなければなりません。しかも，ことばは，瞬間的進行の間に行われていきます」と，「きく」ことの子どもにとっての難しさを示した。

また，学習指導要領の編修委員であった大橋富貴子は大橋（1957）[15]の中で，「聞き方」の内容を「聞きとり」と「聞きぶり」に分け，前者は「聞きとる力（聴取能力）」，後者は「よく聞く態度（聴取態度―習慣）」と示した。そして「聞きぶり」について「人の話しを聞く時の好ましい態度を身につけることは，聞くという社会的活動においては，きわめて重要な問題」と記し，「聞く」を「社会的活動」と捉え，その態度を身に付けることの重要性を示した。

さらに，山口喜一郎は山口（1951）[16]の中で，「発語は内語をもたなければ無内容的となり，内語は発語をもたなければ無形相となる。言語活動は内語と発語とを結ぶ活動である」と述べ，社会的活動の根幹としての言語活動を高めるために，内語を生み発語を培うことの必要性を説いたのである。

3 音声言語教育の考え方の推移と課題

　これまで記した各期の代表的論考から見た音声言語教育の提案・成果・問題点に着目し，今後の音声言語教育の視点を見いだしていく。
　学制公布に始まった教育は，知識伝授が中心のため「形式的注入教授」となり，音声言語活動の役割が教材文を範読の聞き真似で唱え覚えることに向けられたと捉えられるところに問題があったと考えられる。
　「話し方」の教授の必要性が認められ始めてからは，子どもの人格陶冶という発想の下に，子どもの自らの思想の整理及びその表現が話し方教授の目的として定められた。音声言語活動を通して子ども自身の思想を育成するという考え方が生まれたことは好ましいことである。
　「話し方」が徐々に体系的に考えられるようになり，子どもが取り組みやすい教材や意欲的に取り組める場の設定に留意したり，子どもの熱い思いや意見を表す「真の発表」が大切にされたりしたことは大きな進歩である。さらに「生活を開拓するため」として「聴方」に着目し，その力を高めることで学びを深めたり自らの成長につなげたりできるようにするという提言は，「聴方」に学びの対象としての地位を与えたと言える。
　標準語教育が伸展し，話した言葉の捉え方の違いにも目が向けられるようになった。言語は行動や生活を支えるものとして捉えられ，言語生活の指導が言語教育につながるとの考え方から，日常の言語活動を通した指導が求められるようになった。中でも「聴く」は他者の思想・感情に触れ子どもの社会性を高める意味でも重要である。
　昭和26年版の学習指導要領（試案）は音声言語に関わる能力を具体的に示した代表的なものである。それを基に「聞き方」を能力面と態度面とに分け，「聞きぶり」として態度面からも子どもの「きく」を捉え指導の系統を見いだしたり，「聴きかた」の過程を子どもの脳の働きで捉えようとしたりするなど，子どもの能動的に「きく」姿を求めた研究が進められてきたのである。

音声言語教育の歴史を乱暴にかいつまんでみると，子どもが日々の生活を恙無く送れるようにと考え続けた歴史とも言える。
　子どもが自らの思いや情熱を余さず伝えられるようにすること。生活に困らないように必要な情報を受け取れるようにすること。それらのために子どもの心理や思考を捉え，より的確な援助ができるように研究を広げてきたのである。逆行しないことが大切である。

（相原　貴史）

---

(1)「学制」（1872）
(2)「小学校令」（1886）「小学校令施行規則」
(3)改定「小学校令」（1900）「小学校令施行規則」第四号表
(4)樋口（1899）　　樋口勘次郎『統合主義新教授法』1899.4
　　　　　　　　　『近代国語教育論体系2』1975.11　光村図書　p.457
(5)与良（1902）　　与良熊太郎『小学校に於ける話し方の理論乃実際』1902.11
　　　　　　　　　『近代国語教育論体系3』1975.3　光村図書　p.200
(6)飯田（1918）　　飯田恒作『話方教授』1918.11　教育研究会　p.30
(7)田中（1918）　　田中末広「話方教授の研究（3）」（国語教育3巻11号1918.8）p.49
(8)峰地（1925）　　峰地光重『文化中心国語新教授法』1925.11　教育研究会　p.93
(9)遠藤（1930）　　遠藤熊吉『言語教育の理論及び実際』1930.5
　　　　　　　　　『近代国語教育論体系10』1975.3　光村図書　p.129
(10)輿水（1940）　　輿水実「話方教育今後の問題」（コトバ2巻3号　1940）p.66
(11)「国民学校令」（1941）小学校令施行規則改正
(12)『昭和22年度学習指導要領試案』；『昭和22年度（試案）学習指導要領国語科編』
(13)『昭和26年度学習指導要領試案』；『昭和26年度改訂版小学校学習指導要領国語科編（試案）』
(14)石森（1947）　　石森延男「はなしことばと国語指導」『はなしことばの教育』1947.6　世界社　p.40
(15)大橋（1957）　　大橋富貴子「聞きかた」『国語の系統学習』1957.12　東洋館　pp.78-80
(16)山口（1951）　　山口喜一郎『話言葉とその教育』1951.5　刀江書院　p.134

5 対話学習指導と教師の対話力

1 対話学習指導モデルの転換―三つのモデルチェンジ

　古典的な授業モデルでは子どもの情報受容が重視され，教師の教材研究や話す技が重視された。子どもは教師の言葉を傾聴し，ひたすら情報を受容するよう求められた。それに対して1980年前後のパラダイムの転換を経て，今日の授業に求められるのは，有言実行のモデルと言える。ここでは次に示す，三つの転換（モデルチェンジ）について取り上げる。
　①相互作用の対話モデル　　村松賢一（2001）[1]
　②創発的対話重視の授業モデル　　藤岡完治（1998）[2]
　③読むことの指導モデルチェンジ　　山元隆春（2011）[3]
　①では村松は，対話を話し手が聞き手に「ことばを送る」と見る。そのとき，相互にそれを送ったり受け取ったりする関係が生じ，そこでの相互作用として意味が生成するという。そして，対話成立に必要な条件として，ⅰ対称性，ⅱ話題の交流性，ⅲ目的性，ⅳ対峙性，ⅴ新たな協同性の構築，を挙げる。その上で対話学習指導系統表を提示して，次のように整理する。
　「まず強調しておきたいのは，対話能力の学習は，直接，技能・知識の習得をめざすものではなく，…さまざまな快感情を伴った『経験』をこそ目標にすべきだということである。…ことばの学習でもっとも大切なことは，ことばの運用に習熟することによって広い世界が見渡せるようになったり，事柄が深いところまで見えるようになったり，よいアイディアを生み出したりすることを経験することなのだ。それはいずれも本質的には快い経験である。その喜びや満足をより確かなものにするために知識や技能がある。」

筆者は，対話学習における「快い経験」の重要性を支持する。この見解は，21世紀の情報観として，「美的情報」を重視する見田宗介（1996）[4]の見解とも重なる。学んでよかったと思える学習経験を大切にしたい。

　②では藤岡の，教育工学での授業研究における授業モデルの転換を取り上げる。それは，システム論に基づく確実な情報受容を目指す「プランニング」の立場から，授業実践場面におけるダイナミックな展開を目指す「デザイニング」の立場への転換である。プランニングでは，事前の準備を完璧にすることで，子どもの学習行動を制御すると考えるが，デザイニングでは，どれだけ教材研究などの準備を進めても，本番では予測不可能な事態があると見る。その結果，授業中の計画の立て直し（リデザイン）や，教材の見直し（教材再研究）が重要になり，授業後の再研究を重視することになる。授業を実施するときの教師は，その頭脳と全身を使って，ショーン（1983）（2007）[5]の言う「状況との対話」を行い，学習者情報を集めて「行為の中の省察」を行い，計画の変更などを行うと見るのである。

　③は，山元隆春（2011）が，次のように指摘する。山元は，文学教育における「作品」「作者」からの「読者」の自立を戦後の大きな転換とする。彼によれば，「戦後日本の文学教育理論において，まず話題になったのは読みにおける『読者』の位置の模索であった．…戦後日本の文学教育理論において，たえず関心の中心となってきたのは，文学的コミュニケーション過程における読者の役割」であったとする。つまりは，教師の教材研究による解釈を子どもに落とし込む手法ではなく，子どもが読みの主体となって，テクストと対話するように授業を仕組む手法を重視する立場を提起していると言える。

　①から③の論は，古典的な授業モデルや受容的学習指導観を転換し，教室経営の変革を意味するものと言える。とはいえ，子どもの多様な発言を並べるだけで，教師がまとめることも，次の課題をそこから生み出すこともしないままで終わるのは問題である。これでは，子どもに深い学びを期待することは難しい。子どもの多様な発言の交通整理（筆者はこれを「地図作り」と呼び重視する）と，そこからの課題の摘出は教師の大事な仕事である。

2 対話学習指導に求められる教師の対話力とは何か

　教師の「対話力」と言うとき，広義のそれと狭義のそれに区別する必要があるだろう。授業で必要な対話の力に限定して考える場合は，狭義の対話力を指す。他方で，対話を成立させる上では，学習環境整備は重要である。澤本和子（1996）[6]では，学習環境整備の重要性を「①人間関係　②空間設定　③時間設定」の観点から詳述した。対話の場（トポス）の設定は，教師一人の力では十分ではなく，その場を担う人たちの協同作業が必要である。学びの場を担う子どもと教師が協同作業として，対話の場を設定すると考えると，こうした営みを実行するためのリーダーシップも教師には求められる。こうした知見を含めて考える場合は，「広義の対話力」ということになる。

(1) 広義の対話力—場（トポス）をつくる仕事

　対話の場（トポス）の設定については，澤本（1996）に詳しいので，ここでは基本的事項を挙げておく。まず子どもに，主体として授業をつくるという構えを育てる仕事がある。これは子どもがその気にならなければ始まらない。したがって，教師は様々な工夫をして，よい学びの意義を子どもが実感できるように，仕掛けをする。これが学習環境整備である。

　学習環境には様々なものがあるが，筆者は，「①人間関係　②空間設定　③時間設定」を特に重視して，子どもと相談しながら場の設定を工夫した。

　①で言えば，教師が，子どもにとって不快にならない存在になることを大事にした。好かれることよりも，邪魔にならないことを大事にした。②で言えば，座席配置や多様なグループワーク，教師の立つ位置などに気を配った。黒板を子どもに開放することや，小黒板の活用，テスト問題を子どもとつくる工夫もした。詩の暗唱学習などは屋上で身体活動をしながら行った。③は授業の時間配分はもちろんだが，時間割設定も職員会議で相談して，いろいろな組み方を工夫・研究した。時間の指示を出すのにも工夫がある。

場の設定で最も大事にしたことは，子ども同士，子どもと教師が，このクラスに居てよかったと安心できる場所をつくることである。それが，村松の言う「快い経験」や，見田の言う「美的情報」につながると考える。

(2) 狭義の対話力—対話マネージの力

　指導者の「狭義の対話力」を考えるとき，まず思い浮かぶのは，本会の創設者である飛田多喜雄初代会長である。毎月行われた東京での研究会では，夕方から２時間程で，２人から４人程度の発表者の発表を終いまで黙って聞き，最後の15分か20分程度で，的確な指導と助言を与えてくださった。この会では，参加者全員が平等に発表する責務を負い，自由な発言が許された。

　そのときのことを想起すると，指導者には次の特徴があった。
　　ⅰ　指導者は話す機会について禁欲し，傾聴している。
　　ⅱ　指導者は限られた時間で，必要なことを過不足なく話す力を持つ。

　この考え方は，今の授業でも言えることだろう。教師は子どもの話す機会を保障しなければならない。子どもの実態把握が何よりも優先される必要があるためである。限られた時間と発話機会のマネージが，対話の行方を左右する。この場合，対話マネージの力が狭義の「対話力」ということになる。

　古典的な授業モデルであれば，教師の圧力で子どもを黙らせる力が重要だったかもしれないが，今は違う。子どもと共有する対話マネージのルールを築き，快い経験となる対話を組織するのである。そのために筆者が重視するのは，教師の「つかむ・ひきだす・はこぶ・うみだす」力である。これは，本会が重視する「きく」力の機能でもある。それぞれの機能は，授業場面に応じて必要になる。聞いて「つかむ」力は，子どもの発言が多数・多岐に上る場合に，整理する場面で必要になるだろう。話をきちんときいて，ポイントをつかむ力と言える。「ひきだす」力は，話題を盛り上げ，話し手が言い足りないところをきちんと話し終えるのを助ける力であり，他の聞き手の理解を深めたり広げたりする働きを持つ。口下手な子ども，自信のない発言などを支援するときにも必要である。「はこぶ」は，その発言をきっかけに，

話題を広げたり，思考を深めたりする対話の力である。これが，授業の方向や子どもの思考の方向，思考の質を左右する。多様な意見で混乱したときにも，それを整理する方向へと切り替える問いを出すなどの方法はある。これが「はこぶ」力ということになる。最後の「うみだす」力は文字通り，情報を整理して全体を俯瞰したり，そこから新たな課題へと焦点化したりする力である。

　対話力と言うと，話す力のように思う人もあるかもしれないが，それは対話力の一部である。もっと大切なのは，相手の話をしっかりときき取り，理解したこととわからないことを区別し，相手が話そうとしていることを話せるように支え，対話をはこんで，着地点を見いだしていくことである。

　したがって，教師はどれほど話し合いが盛り上がっているときでも，そこに参加して盛り上がっている自己と，それを冷静に見とっている自己の両方を保持し，両者で対話しながら意味ある着地点を探究することになるだろう。そのときの教師は，聞きながら自分の働きかけをリフレクションする（行為の中の省察）であろうし，話しながら次の働きかけをリデザインするかもしれない。相手の話をしっかりと聞いて理解すること，理解して次の学習指導に生かすこと，つまりは，<u>子どもが話して・聞いて，よかったと思える</u>対話授業を実現することが重要と言える。

（澤本　和子）

---

(1)村松賢一（2001）『対話能力を育む話すこと・聞くことの学習―理論と実践―』明治図書出版　pp.40-70

(2)藤岡完治（1998）「１章　授業をデザインする」浅田匡・生田孝至・藤岡完治『成長する教師』金子書房　pp.8-23

(3)山元隆春（2011）「文学・文学教育」の項　日本国語教育学会編『国語教育総合事典』朝倉書店　pp.134-145

(4)見田宗介（1996）『現代社会の理論』岩波書店　pp.151-163

(5)ショーン　Schon, D. A., 1983, 柳沢昌一・三輪健二監訳, 2007,『省察的実践とは何か―プロフェッショナルな行為と思考―』鳳書房

(6)澤本和子（1996）『学びをひらくレトリック―学習環境としての教師―』金子書房

6 音声言語教育研究の成果とこれからの課題
― 「きく」ことに特化して―

1　「きく」こと指導の課題

　音声言語指導は一般に不振と言われているが，とりわけ「聞くこと」に関しては，次のような現状と課題とがある。
　①「聞くこと」，なかんずく「能動的にきくこと」とはどのような言語行為で，どのような価値を持つのか，ということが明確でない。
　②「能動的にきく力」育成の必要性・重要性について，指導者も学習者も自覚と認識が不足している。
　③「きく」という言語行為を行うときの精神的・心理的状況を把握しにくいという，言語行為の特性による指導の困難性がある。
　④「能動的にきく」ために必要な能力・技能が解明されていない。
　⑤「きくこと」の学習指導における「指導過程」「教材開発」「学習評価」等が実践的に解明されていない。

2　「能動的にきく」ことの内実と価値—課題①について—

　これを明らかにするためには，きき手の可視的な言語行為よりも，その意識や精神性を問題にしなければならない。喧伝される「聞く→聴く→訊く」について，「言語活動」に注目が集まる昨今，「聴く（listen）」「訊く（ask）」という「見た目の能動性」が強調される。しかし，大事なのは，きき手の精神的能動性であり，それは「創造すること（何かを生み出すこと）」である。ここに至って「きくこと」の「能動性」は発動されたことになる。

「きくこと」の活動とその力の育成を重視した古田拡（1950）[1]は，「きく」という言語行為の内面の精神作用は「理解」「批判」「問題発見」とした。換言すれば「寛容的な立場できく」「自立的な立場できく」「創造的な立場できく」となろうか。第三の「問題発見」は，「自己創造」「創造的転成」とも述べている。大村はま（1983）[2]は，これを「自己開発の瞬間」と述べている。すなわち，「何かを吸収し，何かを生み出す思考」という精神作用こそが「能動的にきく」の本質であり，「訊く（ask）」という言語行為はその外化の一つである。したがって，実際の授業における課題としては，「どうしてもその話をきいて，何かを創造したい」という学習者の問題意識（きこうとする意識）の醸成に大きな問題を投げかけている。

　そのために，きくことの「目的」，きこうとする相手の「立場」や「隠された意図」等の諸条件をきき手側が吟味・判断してきくことが必要である。そこにもきき手の主体性が問われるのである。それは，すでに古田拡の言う「理解」の段階から始まっている。その意味で，「理解」という段階は，単に「受け入れる」というのではなく，相手の「目的」「立場」「隠された意図」等を尊重しながら（包み込みながら）「受け入れる」ことであり，そうでなくては「能動的なきき手」は育たない。

3 「沈黙」指導の必要性—課題④について—

　さて，そのような「何かを吸収し，何かを生み出す思考」という精神作用に必要なのは，「沈黙」[3]である。倉澤栄吉（1974）は，「沈黙」という言語行為の持つ教育的意味を次のように述べている（pp.21-24）。
　○沈黙の教育的価値は積極性を持っている。黙っていることは（中略）思考であり，心情であり，思考と心情の一体となった全人的行為である。受け身や逃げでない積極的な「不可知への，不思議への，問いかけ」である。
　○重要なことは，黙すべきことの有無である。今気にかかっていることが

ある。黙ってもう少し聞きつづけなければならぬ。黙って聞こう。このことはまだなっとくがいかぬ。かれの意見には質問せねばならぬ，そのためにはしばし黙して真意を確かめることだ。黙って聞こう。はてどんなことが展開するのだろう，黙って聞きつづけよう。
○真の聞くことは，相手に対応しながら，自己確立，自己発見，自己変革をしていることである。聞きながら黙っているとき，人々は正しい意味においての「創造的営み」を経験している。

ここに示した倉澤の考え方は，古田拡（1952a）[4]が，相手の話をきく耳の働きの「第四の輪」として，次のように述べている（pp.84-85）。

> つぎは第四の輪となります。それは沈黙の中に行われます。人の声，自分の声，それをよく聞いて，わが心のうちで輪をゆるやかにめぐらして考えを深めるのです。（中略）相手の話を聞いてしまうか聞いてしまわぬのに，「さあそれはですね」などとやらずに，その相手の話を，もう一度わが心の中で輪をまわしてみる。それからしずかにこちらの話を出すというふうなことをいうのですが，これは大切なことです。これができる，息のしずかな人になりたいものです。

倉澤（1974）の「聞きながら黙っているとき，人々は正しい意味においての『創造的営み』を経験している。」という指摘は，古田の「問題発見」「自己創造」「創造的転成」「触発」という精神的活動と同じである。

私たちは，ややもすると，「訊くこと（ask）」が創造的活動に直結していると考えてしまう傾向にあるが，「質のよい沈黙」を教室で実現することが，「思考力の錬磨」に結び付く。倉澤（1974）の「沈黙であることは比較的易しい。が，沈黙することは必ずしも容易ではない。」（p.23）は味わうべき言葉であろう。

4 「きくこと」の指導過程について―⑤の課題について―

「きくこと」の能力・技能を身に付けさせるための指導過程はどうあるべ

きか。奈良県国語教育研究協議会（1997）[5]では，自らの実践事例の指導過程を基に，次のような指導過程を抽出した（p.35）。
(1) 教材(A)の話を聞く。
(2) 聞いたことについて話し合う。
(3) 聞き方の原則・基準を導き出す。
(4) 原則や基準に合わせ，教材(B)の話を聞く。
(5) 上の(1)～(4)を繰り返し，原則や基準を確かなものにする。
(6) 聞いたことの意義や価値を確認する。

これは，輿水実（1966）[6]の示した「基本的指導過程」とほぼ一致する。大事なのは，次の点である。
①学習者が「きく」という実際の言語行為を通して，「原則や基準」を導き出すこと。理屈だけでの理解ではいけない。
②原則や基準に合わせて，何回か「きく」行為をすること。1回だけの言語行為で終わらせない。評価も何回かの最後で行う。
③「きく」言語行為の意義や価値を考えさせることが，「きく」ことの重要性を認識させることにつながる。

（米田　猛）

【引用文献】
(1) 古田拡（1950）「ききかた―主として人間形成の立場から―」『国語教育講座第4巻　国語学習指導の技術』刀江書院
(2) 大村はま（1983）「話し合える人を育てる」『大村はま国語教室第2巻』筑摩書房
(3) 倉澤栄吉（1974）『聞くことの学習指導』明治図書（のちに，『倉澤栄吉国語教育全集10　話しことばによる人間形成』1989角川書店に所収）
(4) 古田拡（1952a）『国語と文学の教室　聞くこと』福村書店
(5) 奈良県国語教育研究協議会（1997）『音声言語授業の年間計画と展開　小学校編』『同・中学校編』明治図書
(6) 輿水実（1966）『国語科の基本的指導過程第5巻　書写・話す・聞くの基本的指導過程』明治図書

【参考文献】
・斎藤美津子（1972）『きき方の理論』サイマル出版会
・古田拡（1952b）『これからの国語教育のためにⅢ　聞くことの教育』習文社
・古田拡（1952c）「『聞くこと』の学習指導法」『国文学解釈と鑑賞』第17巻7号，至文堂

第 2 章

【能動的に「きく」ことの能力表】を生かした四つの機能別授業プラン

> **つかむ 1** きくことを中心にした単元で，子どもの姿を見とる
> ―「こんなとき どうきく？」（小1）の実践から―
> 小学1年　単元名：「だいすきなもの」をもとにした，学習者個々の「すきなものマップ」

1 単元設定の理由

　低学年で実践の核として行っているのが，教室の前方に円座をつくり，自分の経験を伝え合う「サークル対話」である。自分を表すことが目的だった子が，聞き手として場に参加する中で，他者の話し方を使ってみるなどの変化が見られるようになる。きくことによる内的な対話が子どもを変化させ，次の表現につながる教室の文化がつくられていくことを感じてきた。
　個人内でどのような内的対話が起こっているのか，子どもが自分自身の気付きを自覚する方法はないか，教師がそれを捉える方法はないかという問題意識から，「きく」ことに焦点を当てた単元を構想した。
　本単元では，聞き手の思考を見とるツールとして「すきなものマップ」という言語活動を設定した。これは，話し手の「だいすきなもの」を表す絵の周りに，好きなものに関わるキーワードを色分けして書き添えたものである。友達の話をきいたきき手は，色の付いていない好きなものマップにキーワードと同じ色を塗り，自分がどうきいたかを色で表していく。
　低学年だからこそ，他者の話に耳を傾けながらその人の思いを想像できる「きく」を大事にしたい。それは，誰かに語ること，誰かの声をきくことを通して，次の自分になっていくための重要な資質だからである。きくことの評価とともに，共感的な「きく」姿の現れを捉えていこうと考えた。

〈能力表との対応〉

機能／三要素	情意	技能	認知
つかむ	・興味を持って最後まできく ・納得するまできく	・話題を捉えてきく ・順序や話の中心を捉えてきく ・メモをとりながらきく ・事実と意見，発言の異同を区別してきく	・きいてわかったことに気付く ・必要な情報を選んできく
ひきだす	・知りたいことをきく ・目的を自覚してきく	・わからないことや疑問をきく ・話し手の立場や意図を考えながらきく	・相手の言いたいことを予想しながらきく
はこぶ	・相手の気持ちに配慮してきく ・批判を冷静にきく ・反応を返しながらきく	・批判しながらきく ・先を予測しながらきく ・自分のきき方を振り返りながらきく	・流れに合っているか考えながらきく ・根拠の信頼性を考えながらきく ・論の展開や着地点を考えながらきく
うみだす	・相手の意見を尊重してきく ・合意や新たな価値を求めてきく	・自分の意見をまとめながらきく	・他の情報や自分の考えなどとを関連付けてきく

2 ねらい

　言語活動「すきなものマップ」では，マップに表す事柄やキーワードを考えるなど，「きくこと」以外にも意識させる必要があるが，ここではきくことを中心に，主たるねらいを挙げる。

(1) 友達の話から，大事な言葉をき取る。
(2) 友達の言葉から，もっと知りたいことを質問する。
(3) 友達の言葉に隠れているストーリーを想像する。

　話し手が知らせたいことや自分がききたいことをきき，内容を捉えて感想を持つことや，相手の発言を受けて話をつなぐことは，共感的に「きく」ために必要になる力である。(第1学年及び2学年 A(1)エ・オ)
　さらに，話をききながらキーワード間のつながりや大切さを考えることは，知識及び技能の(2)情報の扱いに関する事項（第1学年及び2学年ア）にも関わっている。

3 単元計画　全9時間

次	時	主な学習活動	手立て・評価
1次	1 2 3	・写真絵本「だいすきなもの」（写真：公文健太郎，偕成社）の，言葉と写真からストーリーを想像する。 ・すきなものマップの書き方を知る。	・写真を基にキーワードを出し合い，そのキーワードから連想して，グループでお話づくりをする。
2次	4 5	・キーワードを考えながら，自分の「すきなものマップ」をかく。	・すきなものを表す絵（白抜き）の周りに，キーワードを色分けして書き添える。
2次	6 (本時) 7 8	・話し手はマップを基に語り，聴き手はどう聴いたかをマップに色を付けて表す。	・きき手は絵の内側にキーワードと同じ色を塗り，大事だと考える割合を色で表していく。代表者のマップで行ったことを基に，グループで行う。
3次	9	・マップを基に，自分の「だいすきなもの」について文章に表す。	・自分の発表と，対話を振り返って書く。

4 指導の実際

　6～8時間めが友達の話をきいて，白抜きの「すきなものマップ」に色を付ける時間である。はじめに1人の話を全体できき，色の付け方やその後の対話の進め方を確認した後，グループで同様の活動を行った。

　本時は，代表者の話を全体できいて考える時間に当たる。

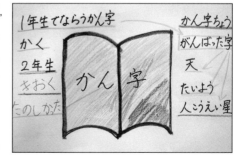

図1　すきなものマップ（Y男）

Y男は日々行っている漢字学習をテーマに選び，図1にある七つをキーワードとして挙げた。本時では，Y男の話を聞いた子どもたちが，どのキーワードが大事だと感じたかを，白抜きになったY男のすきなものマップに色で表していく。

(1) 導入：Y男の「すきなものマップ」から，一番大事な言葉は何かを予想し合う（10分）

R男：F くんは「記憶」って言ったじゃん。<u>「記憶」って漢字帳にも残るから「記憶」</u>がいいと思う。

F男：付け足し。ぼくたちは一年生だから，「1年生でならう漢字」の中に「がんばった字」がある。だから<u>つながり</u>があるんじゃないかって。

T　：じゃあ確かな線にしましょう。

A子：<u>「がんばった字」</u>はどんどん○が付いて，いろんな花マルが続くから，がんばった字を続けていけばいい。

(2) 展開：Y男の話を聞き，自分の聞き取りを色に表す（20分）

> Y男：漢字帳の言葉集めとかしていると，自分で考えた言葉集めをしていると楽しくなってきて，もっと自分がもともと思っていなかった言葉集めとかが出てきて，そしたら，だんだん書けてきた。それで，自分が思った言葉を文に変えてみてやってると，言葉集めもいっぱいできるし，漢字帳もいっぱい書けてくる。それで，がんばった字というのは「天」なんだけど，天は2ページ使うんだけど，言葉集めもいっぱいしたし，文もいっぱいできたから，一番がんばった字が天です。

N男：「天」はがんばった字だから黄色だよね。

Y子：<u>言葉にはないけど，「楽しかった」</u>かな。

N男：言葉集めとか，文づくりとか，話の中で言っていたから，<u>言葉集めや文づくりも入れておいた方がいいかと</u>。

　Y男の話をきいた後に，新しいキーワードを提案している点（下線部）が興味深い。活動の主旨とは違うが，話の中心を意識していることがわかる。
　きき手の塗り方や書き込みを見ると，一番多く塗られたのは，予想の段階

で挙がっていた「がんばった字」、次いで「漢字帳」「人工衛星（本学級の花マルの種類で、人工衛星は最上位のマルを表す）」が多かった。たくさん言葉を集めて、たくさん書けるようになったというＹ男の話を、「がんばった」や「漢字帳」という括る言葉で受け止めている。子

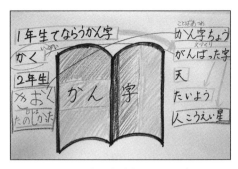

図２　聴き手が塗ったマップ

どもたちの「聴く」には、自分の経験や予想で共有したことが反映されている。

(3) **まとめ：話し手の塗った色をきいて考える（15分）**

　Ｙ男が一番多く塗っていたのは「かく」というキーワードであった。全員、予想とは違っていたので、「えー？」と教室がざわつくが、Ｙ男が理由を語り始めると、話にきき入った。

Ｙ男：一番色が多かったのは「かく」なんだけど…。　Ｃ：え〜。

Ｙ男：どうしてかと言うと、例えば「人工衛星」はいっぱい書かないともらえないし、「がんばった字」はたくさん書いてきたってことで、あの、書かないとどうにもならないから。

Ｙ子：「かく」が一番多かったけど、たくさん書くのをがんばって「人工衛星」とかもらえるってことだから、「かく」と「がんばった」は同じぐらいなのかな。

Ｙ男：「人工衛星」とがんばったも関係あるし、「かく」とがんばったも関係があるから、「がんばった」はみんなに入ってると思う。

Ｏ男：漢字帳関係なんだけど、漢字帳をつなげて辞書みたいにしたら。

Ｙ男：そういうこともあるし、漢字帳をいっぱい書いて、大きくなって使わなくなったときに、ああこんなにいっぱいやったんだとか、いろんな記憶が残るから、「漢字帳」とか「人工衛星」とかは、やっぱり入れた方がいいと思う。

　その後の反応からは、Ｙ男の言葉を基にキーワードどうしの関係を再構成しようとしている様子（下線部）が伺える。授業後の感想「『かく』がい

ろいろなところにつながっていた」(A子)のように,キーワードのつながりを意識した感想が34人中15人から挙げられている。また、予想と違いながらも相手の語りを共感的に受け止めた感想が27名から挙げられた。

　本実践では,話し合いの中でキーワードがさらに付け足されている。そのため,色分けの選択肢が多過ぎて丁寧さに欠ける子どもも現れた。しかし,漢字学習という身近なテーマについて,意味の付け足しや関係性の捉え直しが行われているのが,本実践での「きく」姿でもある。

　本実践を振り返る中で,「話し手が語る前にキーワードを絞り,きき手と話し手で大事な言葉が照応できるようにしたら」という意見もいただいた。スピーチを通して中心や具体の表し方をきき取る扱いにすれば,技能的な側面にスポットを当てた「きく」を育てる実践になるだろう。しかし本実践のねらいは,相手の言葉の背景に思いを寄せる「共感的なきく」である。話し手を受け止め,理解していこうとするきくは,情意的側面や認知的側面にスポットが当たるのだろう。

5　評価と考察

(1)　評価

　本稿の主眼は「きくこと」の見とりと評価である。きき手のマップと学習感想を基に,特徴的だった4名を抽出し,分析した。

　B児はキーワード間のつながりを考えながらきいており,矢印などの書き込みからもそれが読み取れる。「①いっぱい書いたら太陽や人工衛星がもらえる。②書いてがんばるとわかった。③漢字帳に書いてがんばればいいものがもらえる。」と書かれた学習感想には,「かく」を大事だと考えているY男の考えを自分がどのように受け止めたかが言語化されている。

　F男はプロトコルF男で「つながっている」と話し,他者のきき方に影響を与えた子どもである。F男は知的な面を感じることの多い子どもで,自分が発見した関係付けについて言語化しているが,普段の話し合いでは関心

のある話題にしか参加せず，別のことをしていることが多い。F男のマップからは，「共感的なきく」を見ることはできなかった。

C児は学習感想に「私は漢字が好き。でも漢字より英語が好き。私としては漢字はむずかしい。」と記している。C児は一貫して「私」にとっての意味を語っており，きくことによる情報の取り込みや再構成があまり行われていないのではないかと考えられる。

D児は普段から他者の発表を発展させて考え，自分の考えに反映させており，学習感想に右のように記している。共感という情意的側面や関連付けという認知的側面が，理解の更新に大きく影響していることが分かる。

> 私はすごい発見をしました。それは，全部つながっていたのです。つながりの三つのポイントは，かくと人工衛星と記憶です。いっぱいかいて，人工衛星をもらって，記憶に残るという大事なことです。最初からつながりがわかっていれば，かくが大事だとわかります。
> （E児）

また，マップと感想の分析は，4人の日常の話す・きく姿との関連が大きかった。きくことの評価は，単元の活動のみで評価するのではなく，子どもの日常の姿と本単元のようなツールでの表れを総合的に見とっていくことが必要である。

(2) **考察**

「すきなものマップ」を使ったことで，話し手にとっては，話したいことの中心を意識し，漏らさずに話せる効果があった。きき手にとっては，マップがあることで話をきくための環境が整い，認知的な理解を深めることができている。さらに，話し手が伝えたいと思っていることを予想させたり，話が終わった後にズレの理由を確かめたりすることを通して，共感的な理解を示すところまで至ったと考えられる。

プロトコル分析から，周りのきき方に影響を及ぼした発話に着目した。

R男：Fくんは「記憶」って言ったじゃん。「記憶」って漢字帳にも残るから「記憶」がいいと思う。（つかむ・話の中心を捉えてきく）

F男：付け足し。ぼくたちは1年生だから，「1年生でならう漢字」の中に「がんばった字」がある。だからつながりがあるんじゃないかって。（つかむ・話題を

捉えてきく)

Y子：言葉にはないけど,「楽しかった」かな。(うみだす・自分の考えと関連付けて)

　R男は「大事な言葉を付け足す」というきき方を導入した。その発話を受けたF男がキーワード同士のつながりを話題にしたことで,「関係付けながらきく」という思考が活性化された。また, Y子の「楽しかった」が大事な言葉ではないかとするきき方は, 話し手に寄り添いながらそこに意味を生み出していく〈自分の考えとを関連付けてきく〉だと考えられる。

　「すきなものマップ」というツールを活用することで, １年生でも〈相手の言いたいことを予想しながらきく〉〈関連付けてきく〉といった,「ひきだす」「うみだす」きくを経験することができた。他者に寄り添い共感的に理解することは, 単に情意的側面によるものだけではなく, 認知的な了解を伴う。だからこそ, 子どもたちが個々の中での「漢字を書く」ということの意味を更新することができたのだろう。

(岡田　博元)

実践についてのコメント

　私たちが子どもの学習状況を評価できるのは, 子どもがプロダクトしたもの以外はない。これは, いわゆる総括的評価のことだけを言っているのではない。形成的評価であっても, 子どもから表出された（表情などのノンバーバルなものを含めて）ものからでしか評価できない。岡田氏の実践は, この大前提を踏まえて「話すこと, 聞くこと」の学習で, 教師が評価するための一つの具体的な手法（キーワードの色分け）の提案である。しかし, 岡田氏のねらいは, 単に評価の具体的な手法にあるのではないことを読者は読み取ってくださっただろうか？　キーワードが色分けされた学習事象を媒介にして, 子ども同士が話し合う活動を経て, 子ども個々が独自の学びを成立させているのである。岡田氏は, 子ども個々の学びを促し, 学習をコーディネートするために今回の手法を仕組んでいる。本実践は, 子どもの学びを子どもが自覚することを意図した手立てでもあることに着目してほしい。

(桑原　辰夫)

> **つかむ 2**　低学年におけるきいてメモをとる力
> ―「ともこさんはどこかな」の実践から―
> 小学2年　単元名：だいじなことをおとさずに，話したり聞いたりしよう

1　単元設定の理由

　能動的なきき手を育てるための実践として，低学年の<u>自分が聞きたいことを落とさないように聞く</u>という部分に着目し，話の内容を正確に聞き取るための手立てとして，メモをとることについての研究にポイントを絞ってみた。
　メモには，文字化による記録，聞き手の思考の整理，それを生かした思考の新たな広がりや深まりを得ること，また伝達時にも使用することが考えられる。しかし，正確にメモをとるためには，ある程度相手の話を予測しながら聞くことや，聴写の速さも必要になってくる。聞きながら書くことに慣れていない低学年において，メモをとらせるためには，どのような手立てが必要なのかを実践してみた。
　本実践での，必要な情報を聞き取る経験や必要な情報を他人に伝える経験は，他教科での学習や身近な人に伝えるという実生活において，おおいに生かされることだと考えられる。これまでに，「大事なことを聞き落とさないようにしながら，興味を持って聞く」（1年）という学習経験を積んできている。これは，聞き手が質問の観点（5W1H）を意識しながら聞く学習であった。
　本単元では，迷子探しゲームや連絡ゲームという言語活動を通して，相手の話を聞き落とさないように注意して聞く力，さらにゲーム的な場面設定から，興味を持って聞く力の育成に通じる学習になると考える。初歩的なメモのとり方を指導することによって，低学年の児童に正しく大事なことを聞く力や，聞いたことを基に思考を深める力を付けさせる。

〈能力表との対応〉

機能／三要素	情意	技能	認知
つかむ	・興味を持って最後まできく ・納得するまできく	・話題を捉えてきく ・順序や話の中心を捉えてきく ・メモをとりながらきく ・事実と意見，発言の異同を区別してきく	・きいてわかったことに気付く ・必要な情報を選んできく
ひきだす	・知りたいことをきく ・目的を自覚してきく	・わからないことや疑問をきく ・話し手の立場や意図を考えながらきく	・相手の言いたいことを予想しながらきく
はこぶ	・相手の気持ちに配慮してきく ・批判を冷静にきく ・反応を返しながらきく	・批判しながらきく ・先を予測しながらきく ・自分のきき方を振り返りながらきく	・流れに合っているか考えながらきく ・根拠の信頼性を考えながらきく ・論の展開や着地点を考えながらきく
うみだす	・相手の意見を尊重してきく ・合意や新たな価値を求めてきく	・自分の意見をまとめながらきく	・他の情報や自分の考えなどとを関連付けてきく

2 ねらい

(1) 話の内容に興味を持ち，大事なことを聞き落とさないようにしながら，聞くことができる。　　　　　　　　　（第1学年及び第2学年A(1)エ）

(2) 必要な事柄を選び，声の大きさや速さに注意して，はっきりと話すことができる。　　　　　　　　　　　　（第1学年及び第2学年A(1)ウ）

　二つのゲームを通してメモをとること，大事なことを落とさないことをねらいとし，能力表の「メモをとりながらきく」（技能），「必要な情報を選んできく」（認知）の力を付けたい。
　2年生という発達段階を考慮し，いきなり文や語句でメモをすることを目指すのではなく，メモをとるための技能を段階的に高めるよう手立てを工夫する。必要な情報を，示された絵の中から選ぶ，単語の中から選ぶ，自分で書く，というようにどの児童も自信を持って取り組めるようにする。

3 単元計画　全4時間

次	時	主な学習活動	手立て・評価
1次	1	・迷子さがしのお知らせを聞いて，100人程の絵の中からともこさんを探す。 ・探す手がかりとなった言葉について話し合う。	・日常的なことを想起させ，話すときや聞くときに気を付けていることを考えさせる。 ・迷子さがしをする際に聞き落としてはいけないことについて考えさせる。 評価 ・人物を探す手がかりとなる大事なことがわかる。
1次	2	・絵の中から人物を選び，迷子のお知らせの文章をつくる。 ・2人組で迷子のお知らせをする。	・前時の手がかりになった言葉を想起させ，意識させながら文章をつくらせる。 ・話すとき，聞くときに気を付けることを意識させる。 評価 ・大事なことを落とさずに，文章を書くことができる。 ・大事なことを落とさずに，聞いたり話したりできる。
2次	3 (本時)	・遠足，校区めぐりの持ち物の連絡をし合う。 ・音楽，図工の持ち物について連絡をし合う。	・段階的にメモをとらせる。 ①絵の中から選ぶメモ【メモ初級】 ②単語の中から選ぶメモ【メモ中級】 話し手・ゆっくり話す。 ・はじめに何の連絡かを言う。 ・いくつあるかを言う。 聞き手・大事なことを落とさないように聞く。 ・単語でメモをとる。
2次	4	・明日の時間割について連絡をし合う。 ・学習の振り返りをする。	③単語を自分で書くメモ【メモ上級】

4　指導の実際

(1) 導入：前時の復習をする（5分）

　単語だけで書くと速くメモができることを確認する。

(2) 展開：れんらくゲームをする（35分）

① 話し手，聞き手それぞれのめあてを伝える

話し手	聞き手
・ゆっくり話す。 ・はじめに何のれんらくかを言う。 ・いくつあるかを言う。	・だいじなことを落とさないようきく。

② 絵の中から選ぶメモのとり方【メモ初級編】

・ペアで遠足の持ち物を連絡し合うために原稿をつくる。

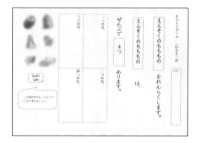

　話し手のワークシート
　・七つの絵の中から四つ選び，連絡する原稿をつくる。

・話し手は，原稿を基に相手に遠足の持ち物を伝え，聞き手はメモ用紙にメモをする。

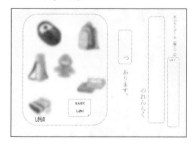

　聞き手のワークシート
　・聞き取った内容の絵を丸で囲む。

絵の中から選ぶメモのとり方では，事前に絵の確認をしたことで，聞くことに集中することができ，どの児童も問題なく選ぶことができた。聞き落としてはいけない内容を単語として意識付けすることができた。

③　単語の中から選ぶメモのとり方【メモ中級編】
・ペアで音楽の持ち物を連絡し合うために原稿をつくる。

話し手のワークシート
・10の言葉の中から五つ選び，連絡する原稿をつくる。

・話し手は，原稿を基に相手に音楽の持ち物を伝え，聞き手はメモ用紙にメモをする。

聞き手のワークシート
・聞き取った内容の言葉を丸で囲む。

　単語の中から選ぶメモのとり方は，まず，聞いたことを理解し，そして，文字を読んで認識し，聞いたことを選ぶという作業になる。このメモのとり方も，ほぼどの児童もできていた。ここでも，ワークシートに単語のみ表記することで，書き方について意識付けをした。

(3) まとめ・振り返り:メモの仕方について振り返りをする(5分)
(第2次　第4時に行った。)
〇単語を自分で書くメモのとり方【メモ上級編】
・ペアで次の日の時間割を連絡し合うために原稿をつくる。

話し手のワークシート
・八つの教科の中から五つ決め,順番も決める。

・話し手は,原稿を基に相手に次の日の時間割を伝え,聞き手はメモ用紙にメモをする。

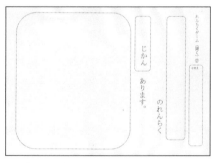

聞き手のワークシート
・聞き取った内容を自分で書く。

　単語を自分で書くメモのとり方についても多くの児童ができた。しかし,話す側の速さや個人の書く速さによってメモがとりきれない児童もいた。その児童の中には,一度にメモを全てとるのではなく,聞いた後にメモを書き加えて完成させる児童も見られた。他にも,話し手の中には,書くスピードが遅いと感じ,自分に合わせた速さで読む児童もいた。
　単語でのメモのとり方を意識させたので,どの児童も文章をそのまま書かず,単語でメモをとることができた。

5 評価と考察

(1) 評価

　第1次の迷子探しゲームでは，児童にとっては，聞き慣れた迷子の放送を手がかりに，100人近い人々の中から探すことは興味を十分に惹きつけることができた。探すだけでなく，迷子探し放送の原稿を書くことで，目標である大事なことを聞き落とさないように意識しながら学習をすることができた。そして，洋服や持ち物だけでなく，色や種類までしっかり聞こうとする姿勢がよく見られた。

　　・文章でメモをしている児童……18人
　　・単語でメモをしている児童……12人

　両者のメモを全体で共有することで，単語でメモをした方が，より速く正確に書くことができると気付くことができた。

　第2次のれんらくゲームでは，児童にとって，初めてのメモをとる学習だった。普段の生活の中でもほとんどの児童がメモをとったことがないようだった。メモの存在自体は，よく知っており意欲的に活動していた。

　メモ初級（絵から選ぶメモ）やメモ中級（単語から選ぶメモ）については，選択式だったのでほとんどの児童が大事なことを落とさずにメモできた。

　メモ上級（自分で書くメモ）については，

　　・正確にメモができた児童……………25人
　　・正確にメモができなかった児童……5人

　メモ上級になると，時間と教科を二つ聞き分けることになったので，正確に聞き取ることができなかった児童がいた。また，情報量が多くなり，途中でメモができなくなった児童もいた。

(2) 考察

　初めて学習するメモのとり方として，丁寧に段階を踏んだことによって，どの児童も無理なく学習に取り組むことができた。そして，絵から単語，自

由記述という手順にしたことで，単語でメモを書くことが意識付けられた。ここから，メモを書くための導入として，低学年にとっては，いきなり自由記述で書くよりも，ある程度段階を踏みながら，枠組みのあるメモ用紙から学習に入ることが有効だということがわかる。また，聞く目的をはっきりさせることで，大事な言葉（単語）だけを書かせることができる。中級，上級のメモでつまずいた児童には，繰り返し何度も取り組ませて，短く書く必要性に気付かせ，聞きながら書くことに慣れさせた。

しかし，まだまだ聴写でつまずく児童も多く，低学年から正確に聞き取った内容を書く練習も継続的に行うことが必要である。

（宮城　久雄）

実践についてのコメント

必要な情報を聞き落とさずに入手するためには，メモをとることは欠かせない。そこで，小学校低学年という段階からメモをとる経験を積む必要がある。

本実践は，全員が成功体験を得られている学習活動からスタートしている。その後のメモに対する学習意欲を高める上で，有効な手立てである。さらに，絵，単語から必要な情報を選ぶ過程を経て最終的に自分でメモを書くというステップが，学習者にとって無理なく効果的な単元の流れとなっている。

本実践では，初級，中級では持ち物が聞き取る対象であったが，上級では時間割と変化している。時間割は，教科だけでなく〇時間目という順序も正確に聞く必要がある。そのため，メモをとる手立てとして時間割の枠を示しておくか，上級でも何かしらの持ち物を聞き取るという設定ならば，メモを正確にとることができる児童をより増やせる，さらなる価値ある実践になるであろう。

（薦口　浩一）

> つかむ
> 3   子どもが「きく」ことを自覚し振り返る
>   小学3年　単元名：「きく」の指導について
>   ―「子どもたちとともに考える『きく』」―

1　単元設定の理由

　子どもたちの「きく」姿は様々である。また，子どもたちが，きいたことをどのように思考しているのかは，子どもたち自身が発信しないとわからない。もし子どもたちの頭の中が可視化されれば，何をどのように受信し，どんなことに興味や疑問を持って考えているのかがわかるだろうにと思うことが多々ある。では，子どもたちは「きく」ことそのものを，どのように意識しているのだろうか。
　今までの経験から，「きく」の指導に関して日々問題として意識していることはたくさんあるが，その中でも次の３点を挙げてみたい。１点めは，「きく」意欲に関してである。子どもたちは，自分が興味・関心を持てる事柄は熱心にきく。特に，自分や友達に関することや身近なこと，初めて知る事柄等は意欲的にきいている。しかし，興味・関心が持てない事柄や少し話が入り組んでくると意欲をなくす子どもがいる。きいてよかったと思えるような場づくりが必要ではないだろうか。２点めは，質問する力である。「何か質問はありませんか。」と問うと，積極的に質問できる子どもとただやり取りをきいている子どもがいる。「質問の仕方がわからない」「どんなことを尋ねたらよいのかわからない」等要因は様々だが，「きく」の指導に質問する力は関係しているのではないだろうか。３点めは，メモと思考の関係である。特に，ききながら思考するときにメモの役割は重要ではないだろうか。そこで，本実践では，「きく」ことそのものに焦点を当てて「きく」について話し合い，子どもたちとともに「きく」について考える授業に取り組んだ。

〈能力表との対応〉

機能／三要素	情意	技能	認知
つかむ	・興味を持って最後まできく ・納得するまできく	・話題を捉えてきく ・順序や話の中心を捉えてきく ・メモをとりながらきく ・事実と意見，発言の異同を区別してきく	・きいてわかったことに気付く ・必要な情報を選んできく
ひきだす	・知りたいことをきく ・目的を自覚してきく	・わからないことや疑問をきく ・話し手の立場や意図を考えながらきく	・相手の言いたいことを予想しながらきく
はこぶ	・相手の気持ちに配慮してきく ・批判を冷静にきく ・反応を返しながらきく	・批判しながらきく ・先を予測しながらきく ・自分のきき方を振り返りながらきく	・流れに合っているか考えながらきく ・根拠の信頼性を考えながらきく ・論の展開や着地点を考えながらきく
うみだす	・相手の意見を尊重してきく ・合意や新たな価値を求めてきく	・自分の意見をまとめながらきく	・他の情報や自分の考えなどとを関連付けてきく

2 ねらい

(1) 今までのきき方を振り返りよいきき方について考える。

(第3学年及び第4学年A(1)ア)

　ここで言う「よいきき方」とは，相手のことを思いやったきき方と，自分が主体的にきく技能面との両方で捉えている。子どもたちが，授業中や日常生活の中で，互いの立場や考えを尊重し，言語を通して正確に理解したり適切に表現したりする際に，「きく」ことはとても大切である。また，言葉によって自分の考えをつくり上げたり新たに考え出したりする際にも「きく」ことは極めて重要である。それは，ただ単に「聞く」のではなく，その人が何を伝えたいのかを「聴く」あるいは「訊く」姿勢が大切であり，聞き手が話し手そのものを，まずは適切に受け止め，自分の中で思考し，判断し，話し手に対して表現するのである。この単元では，子どもたちに「きく」ことそのものをしっかりと考えさせて，「きく」ことの価値について考えさせたい。

3 単元計画　全4時間

次	時	主な学習活動	手立て・評価
1次	1	・今までのスピーチの学習を振り返り，よい点や改善点を考える。	スピーチの録画 発言・ワークシート
	2 (本時)	・よいきき方について自分たちが考えたことを話し合う。 ・出し合った考えを「頭の中・心の中できく(内)」と「きく態度（外）」の2種類に分類する。 ・よいきき方の分類名を考える。 ・「よいきき方チェックリスト」をつくる。	発言・ワークシート A(1)ア
2次	3	・「よいきき方チェックリスト」を使いながら学習することを知る。 ・友達と2人組になり，相手のことを知るために質問をして，できるだけ詳しくきく。	発言 「よいきき方チェックリスト」
	4	・質問した友達のことで，心に残ったところを紹介する。 ・「よいきき方チェックリスト」にさらに付け加えた方がよいと思うきき方を考える。 ・今後も「よいきき方チェックリスト」を使ってきくことの学習を行っていく確認をする。	発言・ワークシート A(1)ア

※子どもたちのチェックリストの項目を整理するために，先行研究で示されている能力表と照らし合わせながら分類した。植西浩一（2015）「聴くことの能力表（試案）」，奈良県宇陀郡榛原町立榛原小学校（2005）「聞くこと能力分析表」，『音声言語指導大事典』（1999）「音声言語指導の能力表聞くこと」を指標として生かすことにした。

4　指導の実際

(1) 導入：自分が考えたよいきき方について話し合うことを知る（5分）
(2) 展開：よいきき方について話し合う（35分）
① よいきき方について自分たちが考えたことを出して話し合う

　なぜ「よいきき方」なのかがわかるように，具体的な場面を挙げて話し合った。

> T：よいきき方について考えたことを，たくさん書いて見つけてくれました。この授業では，よいきき方についてみんなで話し合いながら深めていきましょう。
> C：自分の考えと比べて同じところか違うところかを考えてきくとよいと思います。その理由は，自分の考えをまとめるのに必要だからです。
> C：メモをしながらきくと，大切なことをきき落とさないのでよいと思います。
> C：私も同じ意見です。メモをすると，きいたことを確認することができます。
> C：発表している人に自分が心でほめてあげることがよいきき方になると思います。なぜなら，発表している人の気持ちになって聞くことが大事だからです。

② 出し合ったよいきき方を分類する

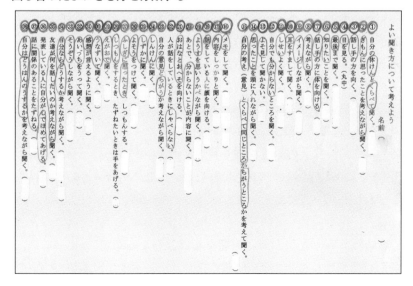

話し合って見付けたよいきき方を子どもたちと一緒に「頭の中・心の中できく（内）」（赤）と「きく態度（外）」（青）の2種類に分類した。そして、それぞれのきき方からキーワードを取り出し分類名を考えた。

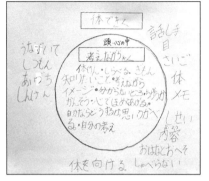

（例）「体できく」と「考えながらきく」の2種類に分類

　よいきき方のキーワードを基に、「きき方」を2種類に分類した後、友達の分類と比較して「きく」ことそのものについて考えを深めていった。

(3) まとめ・振り返り：よいきき方のまとめをする（5分）

　学習後の感想で、子どもたち全員が、「きく」ことの大切さや価値について深く考えたり気付けたりしたことへの嬉しさについて述べていた。

① 質問がうまくできず「きく」ことに自信のなかったAの場合

　Aは、対話の場面で友達に質問すると「どういう意味？」とよく言われていた。なぜ、質問の意図が相手に通じないのかがよくわからずに、戸惑う場面が多く見られた。しかし、この学習を終えた後、「自分の聞き方を振り返ることができた。みんなと『よいきき方』を話し合って相手の気持ちになってきいたり尋ねたりするのがよいとわかった。これからは人の話をよくきいて、きかないとだめだとわかった。」と述べていた。自分自身のきき方や話し方の改善点を話し合いを通して考えることができた。

② 「きく」ことに関心が低かったBの場合

　Bは、落ち着いて人の話を「きく」ことが苦手だった。しかし、この学習を終えた後「きいている人が気を付けたら、話している人もいい気持ちになることがわかった。きくことに気を付けるとそんはしない。よいきき方に気を付けて、一生懸命話している人を、ほめながら気を付けてきこうと思った。よいきき方は、みんなにとって大切なんだとわかった。」と述べていた。この学習を通して「きく」ことの価値に気付き、意欲的に取り組んでいこうと

する姿が見てとれた。

【子どもたちが話し合って見付けたよいきき方と指標にした先行研究の一例を対応させたもの】

	よいきき方チェックリスト 児童が考えた能力	態度	関心・意欲	技能	分類するために参考にした先行研究 一例 植西浩一（2015）聴くことの能力表（試案） 対応している能力
1	話し手の方を向く。	○			
2	話し手の方に体を向ける。	○			
3	話をしている人に顔を向ける。	○			3 相手の顔を見て集中して聴く。
4	おはなとおへそを向ける。	○			
5	よそ見しないで聞く。	○			
6	目を見る。	○			
7	しせいよく聞く。	○			
8	えがおで聞く。	○			6 話し手を尊重して素直に聴く。
9	うなずいて聞く。			○	10 話に反応しながら聴く。
10	あいづちをうって聞く。			○	
11	最後まで聞く。	○			2 話の終わりまで聴く。
12	耳をすまして聞く。	○			
13	しずかに聞く。	○			3 相手の顔を見て集中して聴く。
14	人が話をしているときにしゃべらない。	○			
15	しつもんをするとき、たずねたいときは手をあげる。	○			
16	しんけんに聞く。	○			3 相手の顔を見て集中して聴く。
17	メモをして聞く。				22 メモを取りながら聴く。
18	内容をしっかりと聞く。			○	26 話の内容をすばやく理解する。
19	話に関係のあることをたずねる。				
20	考えながら聞く。			○	27 自分の考えをまとめながら聴く。
21	自分の考え（意見）とくらべて同じところかちがうところかを考えて聞く。			○	30 話し手の根拠を吟味しつつ聴く。
22	自分の意見とちがうか考えながら聞く。			○	
23	自分ならどうするか考えながら聞く。			○	
24	自分はどうはんのうするかを考えながら聞く。			○	27 自分の考えをまとめながら聴く。
25	思ったことを頭に入れながら聞く。			○	
26	感想が言えるように聞く。			○	14 話を聴いて、感想や意見を持つ。
27	友達が何を話したいのか考えながら聞く。			○	24 中心部分と付加部分を聴き分ける。
28	あとで、分からないことがないように聞く。			○	17 疑問点や問題点を確認しながら聴く。
29	自分の体けんとくらべて聞く。			○	15 自分の経験や考えと比べながら聴く。
30	イメージしながら聞く。			○	
31	ようすを思いうかべながら聞く。			○	11 イメージをふくらませながら聴く。
32	そうぞうしながら聞く。			○	
33	よそうをつけて聞く。			○	28 話の展開を予想しながら聴く。
34	知りたいことを聞く			○	
35	自分でも分からないところを聞く。			○	17 疑問点や問題点を確認しながら聴く。
36	ぎもんに思ったことを考えながら聞く。			○	
37	ふしぎに思ったとき、しつもんする。			○	
38	発表している人に自分が心でほめながら聞く。	○			6 話し手を尊重して素直に聴く。
39	前の話（言葉）につなげながら聞く。（関連づける）				
40	友達の話を受け止めながら聞く。（共感する）				
41	ちがう角度から質問する。（発想の転換）				
42	※39から41は二次の学習後新たに追加した項目				

5 評価と考察

(1) 評価

　よいきき方について考えたことを話し合うことで，一人一人が目的を持って主体的にきくことができた。特に，「きく」そのものを考えたことで，「きく」ことの能力を子どもたち自身が見付け出し精査することができた。これらの評価に関しては，子どもたちのワークシートや発言の内容から見とることができる。さらに，これからの学習に具体的に生かし，自分が今何ができていて何ができていないのかを意識し自覚するために「よいきき方チェックリスト」を，次の「話すこと・聞くこと」の学習に実際に活用した。子どもたちは，学習の中でチェックリストのどの項目が必要なのかを考え，自分から意識しながら取り組んでいる姿が見られた。実際に「よいきき方チェックシート」の記入を見ながら評価することができる。感想用紙にも，チェックシートがあることで，自分が達成しなくてはいけないめあてを意識しながら取り組んで，チェックシートに記入したといったことが書かれていた。自己評価だけでなく相互評価の際にも評価の指標になることがよくわかった。また，子どもたちの感想に，「他の人と話すときに，今習ったことを使えばもっと話をすることができるし楽しい。」「人と話をするときや遊んでいるときにもこの学習は使える。どのようにチェックシートを使えばよいのか，その意味もわかったのでこれからも使っていきたい。」とあった。「きく」ことそのものの関心・意欲・態度の高まりも見とることができたと考えられる。

(2) 考察

　実践を通して，以下の3点が成果として挙げられる。①聞くことの大切さやよさを学習できた。②聞くにも様々な種類があることがわかった。③「聞くっていいなあ，話に耳を傾けてみよう」という意欲が出てきた。

　「きく」そのものを考える学習は3年生になって初めてだったこともあり，「きく」について真剣に考えていた。この学習を行ってからは，話している

人を大切にしてきくという態度が見られた。また,「きく」ことで自分の思考が活性化されることも実感できたようである。「きく」ことが価値のあるものであり,「よいきき方」を普段の生活や学習の中で意識していくことが,自分の成長によい影響をもたらし,人間関係を円滑にする役目も果たしているということを実感できたようである。さらに,「よいきき方チェックリスト」を実際に活用した結果,教師側からトップダウンで行う評価ではなく,子どもたち自身の言葉からボトムアップで行う評価は,今の自分の成長具合を確かめ照らし合わせるのに,子どもたちにとっては身近でわかりやすいものであることがわかった。今後,さらに子どもたちが使いやすいものにして,「きく」ことの学習と結び付けながら改善を加えていきたい。また,他学年でも同じように,子どもからボトムアップした「きく」力を分類すると,子どもたちにも使える系統表や能力表になるのではないかと考える。これに関しては,子どもたちとの授業を通してさらに検証していきたい。

(岡島　眞寿美)

実践についてのコメント

「きく」という行為に学習者を向き合わせ,学級全体で考えさせるとともに,外からは見えにくい学習者の内面を見とろうとする実践である。子どもたちは,自分たちが発見した項目のリストを意識してインタビューすることで,明確なめあてを持った「きき方」がもたらす様々な変化を体感できている。特に,チェックリストの「38 自分が心でほめながら聞く」,「40 受け止めながら聞く」という,自分とは異なった考え方を排するのではなく,まずは尊重しようとする姿勢について,学習者側から提案されたことに感心させられる。教室があたたかな共感的受容の場として機能し,対話が開かれていく姿が見てとれる。

今後,追加分を含む41項目について新たに分類し,精査されるようだが,学習者に項目の統合などを投げかけてもよいかもしれない。子どもたちが自らのきき方をさらに踏み込んで捉え考える,深い学びの場となると思われる。

(石原　雅子)

4 つかむ 日常的・継続的な活動で「話し合い」意識を育む
小学4年　単元名：話し合いのワザを見つけよう

1　単元設定の理由

　学校では，日常的に各教科領域の中で様々な話し合い活動が行われている。しかし，スピーチや発表に比べて，話し合いが得意だという子は少ない。これは，話し合いはメンバーやその発言内容・タイミングなどによって展開が変わってしまい，なかなか予定調和にはならないこと，そのため臨機応変の対応が求められ，準備が難しいこと，全体を把握したり他者の声を受け止めたり譲歩したりと高度な「きく」力が必要なこと等が要因と考えられる。このように，マニュアル化しづらい生きた話し合い活動は，一つの大単元で意識化を図るのではなく，日々のスピーチや日記のように，継続的に話し合いの経験を積み重ね，日常化を図ることで体得していくことが一番であろう。

　そこで，毎週，「十分座談会」と銘打った班単位の話し合い活動に取り組むことにした。「十分座談会」は，4人班での話し合い（8分）＋振り返り（2分）という計10分間のミニ話し合い活動である。準備として，あらかじめ話し合うテーマを決めておき，事前にテーマに関する自分の考えを記述しておく。

　2学期はじめから約2か月（7週）ほど帯単元として取り組んだ「十分座談会」を経て，本小単元ではICレコーダーで録音した自分たちの「十分座談会」を聴いてみる。これは，自分たちの話し合いの仕方を客観的に振り返る機会，つまり，参加者として取り組んでいた活動に評価者として向き合う機会となる。本単元においては，個々に体得しつつも意識化できておらず，漠然としていた「よりよい話し合いの進め方」について，子どもたちの気付きを基に考えを深め，「話し合いのワザ」として整理することにした。

〈能力表との対応〉

機能／三要素	情意	技能	認知
つかむ	・興味を持って最後まできく ・納得するまできく	・話題を捉えてきく ・順序や話の中心を捉えてきく ・メモをとりながらきく ・事実と意見，発言の異同を区別してきく	・きいてわかったことに気付く ・必要な情報を選んできく
ひきだす	・知りたいことをきく ・目的を自覚してきく	・わからないことや疑問をきく ・話し手の立場や意図を考えながらきく	・相手の言いたいことを予想しながらきく
はこぶ	・相手の気持ちに配慮してきく ・批判を冷静にきく ・反応を返しながらきく	・批判しながらきく ・先を予測しながらきく ・自分のきき方を振り返りながらきく	・流れに合っているか考えながらきく ・根拠の信頼性を考えながらきく ・論の展開や着地点を考えながらきく
うみだす	・相手の意見を尊重してきく ・合意や新たな価値を求めてきく	・自分の意見をまとめながらきく	・他の情報や自分の考えなどとを関連付けてきく

2 ねらい

(1) 質問したりメモを取ったりしながら聞き，話し手が伝えたいことや自分が聞きたいことの中心を捉え，話し合いを運ぶために必要なことを体得する。　　　　　　　　　　　　　　（第3学年及び第4学年 A(1)エ）
(2) 互いの考えの共通点や相違点を考えながら話し合い，自分の考えの形成に役立てる。　　　　　　　　　　　（第3学年及び第4学年 A(1)オ）

　本実践では，充実した話し合いを行うためには，話し手の「話し方」だけでなく，聞き手の「聞き方・応じ方」や双方の協力による「話し合いの進め方」など，「きく」ことの意識を高めることが必要であるということを，子どもの気付きから振り返りの話し合いを通して明らかにしていきたい。

　話し合いにおける「きく」ことは，「つかむ」だけでなく，「ひきだす」「はこぶ」「うみだす」の全ての側面を合わせ持つ。ベースとなる「つかむ」の面に重点を置きながらも，話し合いをうまく進めるために，「相手の言いたいことを予想しながらきく」ことや「反応を返しながらきく」こと，「自分のきき方を振り返りながらきく」ことなどへの意識も高めていきたい。

3 単元計画　全7時間　＋帯単元

次	時	主な学習活動	手立て・評価
1	1 2 3	・活動のイメージを持ち，話し合いの話題（テーマ）について話し合う。 ・「十分座談会」の進め方を知り，実際に取り組んでみて振り返る。	・振り返りによる自己評価を大切にする。
2		帯単元*	・記録メモ用紙を配布
2	1	・「十分座談会」の録音を聞き返し，話し合いについての気付きを交流する。	・ICレコーダーによる録音を聞き返す。
2	2 (本時)	・話し合いのポイントを共有し，改善点を意識して「十分座談会」を行う。	・理由や効果などを検討することにより整理していく。
3	1 2	・「十分座談会」の活動を振り返り，身に付いた「話し合いのワザ」をまとめる。	・話し合いのワザを整理することで日常の意識化を図る。

＊帯単元（12回）は週1回，朝の時間に「十分座談会」を行う。

4 指導の実際

(1) 導入：短冊に気付きを書き，5観点に分類して貼る（13分）

　最初（9月）の小単元で方法を共有し，話題（テーマ）について相談して候補を決め，ランダムに取り上げて「十分座談会」に取り組んできた。

〈座談会のテーマ例〉
○ろう下を走っている人を少なくするには，どうすればいいのか。
○どうしたら，友達に対しての言い方・話し方の言葉がよくなるか。
○どうすれば給食の残り物はへるか？

○遠足はどこに行きたいか。
○学校の規則に反する物を持ってきている人を少なくするにはどうすればいいか。
○どうやったら授業の開始時刻を守れるか。

　前時には，こうして継続して取り組んできた前回の座談会を録音したものを聞き返し，そこからの気付きをノートに書きまとめている。
　本時では，まず，ノートを振り返り，「話し合いのワザ」となりそうなポイントを班で話し合って精選し，短冊に書いて発表した。短冊は，以下のように「話し方」「聞き方・応じ方」「話し合いの進め方」「メモのとり方」「テーマ・内容・全体」の5観点で分類・整理して黒板に貼っていった。

話し方
・一つの文に区切りを入れる。
・○○さんの意見に，にているなどの言葉を使った方が，だれが言ったかわかりやすくなるし，どんな意見なのかがよくわかる。
・間があくとしゃべっているのかしゃべっていないのかわからない。
・前のことを生かして，発言の仕方を考える。
・人の意見に反対がある場合があったら，「○○さんの意見に反対です。」などと言うとよい。
・人の目を見てゆっくり言う。

聞き方・応じ方
・話す人の間違いに茶々を入れない。
・人が意見を言っているときに，その人の意見をかんたんにメモできるとよい。
・意見を出した後，すぐにそれに対した意見を言えば，だれも話さない時間が少なくなると思う。
・意見を言い合い，新しい意見を生み出す。
・質問をしっかり受け入れることで自分の意見と人の意見がなんでちがうのかわかり合える。また伝えられる。
・人の意見にアドバイスをする。
・意見に対しての賛成意見，反対意見，まとめ意見を言う。
・あいづちや顔で表現することで相手がしゃべりやすくなる。

話し合いの進め方
・二つの意見の場合，両方の意見を出す。→成功に近づける（時間を有効に使える）。
・メンバー全員で考えて新しい意見を出す。
・さんせい反対の意見を言って何も言わない時間をへらす。
・話し合いの順序の途中に「例」を入れる。

- ・司会がいた方がよいと思う。
- ・4人の意見をもっともっと深めて，具体的に話し合っていくとよい。
- ・意見への質問などは，その意見のすぐ後に言った方が整理しやすい。
- ・ぎもんをきいて，その後必ず「それでもだめだったら」ときく。
- ・意見を言い合うとたくさん意見が出るけど，その意見の理由は何か？を書かないと相手に伝わらない。

メモのとり方

- ・メモには大体のことだけ書いて，たくさん意見を出す。
- ・意見が出るとメモがとりやすいから，五つくらい意見を出しておく。
- ・意見は全部書かないで重要なところだけ書く。
- ・よい意見は，目立つようにメモをとる。
- ・他の人の意見が書いてあるとなりに（さんせい意見）や（反対意見）を書く。
- ・メモをとりながら意見を聞いていたので，スムーズにできた。
- ・時間を気にしてメモをとる。
- ・メモ用紙を「よい」「悪い」に分ける。
- ・班でメモをとりながら話す

テーマ・内容・全体

- ・よりよい意見につながる意見が出た。
- ・人の意見を自分なりに整理してやる。

　班での話し合いで，気付きを精選したかったが，子どもたちは自分のものを出したがり，結局絞りきれず，たくさんのカードが出されることとなった。

(2) **展開：短冊を基に「話し合いのワザ」について話し合う（20分）**

　短冊が出揃ったところで，「話し合いのワザ」として汎用性があり共有できるものはどれかを尋ねた。

　最初に挙がったのは，「話し合いの途中に例を入れる」であった。「聞いている人がわかりやすくなるからよい」という意見に対して，うなずき共感している様子もあったが，話し合いで実際に例を入れているかを尋ねると，「あまりできていないなぁという感じ」で，ほとんど反応がなかった。

　そこで，用意してあった前回の十分座談会において例を入れている発言の録音を聴かせた。録音を聴いた子どもたちは，一様に「あぁ，そういうことか！」と腑に落ちた様子で，決して特別なことではなく，無意識のうちに今までも使っていることがあり，ちょっと意識すれば誰でも取り入れられる使いやすい「ワザ」であるというイメージを一気に共有することができた。

その他，人の意見に対してアドバイスをしたり質問したり，自分の言葉に変えてみたりと反応していくことの大切さなど，「聞き方・応じ方」に関する意見が多く出て，話し合いに於ける聞き方・応じ方の重要性が共有された。
　また，メモに関する意見も出たが，メモを見ながら改めて考える機会を持つ旨を伝え，録音からわかることに絞って話し合っていった。

(3)　まとめ・振り返り：話し合いを踏まえて「十分座談会」を行う（12分）
　「話し合いのワザ」に関して話し合った後，実際に「十分座談会」をしてみることになった。テーマは「晴れの日に教室で遊ぶとしたら，どんな遊びがいいか」である。以下は，ある班の「十分座談会」の様子である。

E男：僕は，結構あるけど本を読むね，まず。あとは，図書コーナーで読む。黙って座っている，しりとりをする，じゃんけんをする，にらめっこをする。
M女：じゃんけんをするは反対だけど。うるさくなっちゃうじゃん，教室で。
M女：私は，本。一応，理由も言っとくね，何故かというとうるさくならないから。
K女：私も，読書をする。読書が好きだから。
Y男：ぼくは，本やしりとり，あっち向いてホイなど。などね。などつけといて。
M女：ちょっと，あっち向いてホイは反対。
E男：新意見ある？〈この後，雑談…略〉
E男：あっわかった！　えぇっと…いい？　俺の新意見，えっと，何か工作する。
M女：えぇー，工作うるさくなるって。
Y男：工作いいんじゃない？
K女：けどさ，工作するとさぁ，ゴミとかがさぁ…。
M女：出ちゃうんだよ，それで後始末が大変になっちゃう。

E男：片付ければいい。
M女：それで5分かかっちゃうかもしれない。
K女：片付けない人がいるから，ゴミが出るんじゃん…。
Y男：そうそう，悪いに入れとこうかな。（メモ）
E男：じゃあ，後始末すればいいだけじゃん。
K女：だからしない人がいるんだよ…。
M女：工作はちょっと，うるさくなっちゃいそう。逆に。〈中略〉
　　　新しい意見は？（軌道修正）
Y男：片付けられるものとか，かるたとか，百人一首とか。
M女：そういうのは，雨の日だよ。
E男：あっ，わかった。黄色いコンテナとか整理するとか。
M女：あぁ，いいねぇ，それ。
Y男：じゃぁ，整理，整理。
E男：整理整頓。…今回は☆5の予感。
Y男：いいねぇ，結構意見出た。整理整頓かぁ，うん。ミニ掃除。

　工作と片付けをめぐるやり取りからは，M女，K女，Y男らが，相手に応じようとする姿が見られる。
　座談会を終えた後，本時で出たワザを意識できたかどうか尋ねると，それぞれが「自分なりに意識しながら取り組んだ」という反応が返ってきた。帯単元として継続して取り組みながらワザを意識化した成果だと考える。

5 評価と考察

(1) 評価

　十分座談会の毎回の評価は，記録メモの振り返りによる自己評価である。

　今回の学習で座談会を振り返る中で，短冊は5観点それぞれ出ていたが，ワザを見つける話し合いでは「聞き方・応じ方」に関する意見が最も多く出て，話し合いをうまく運ぶためには，応じ方が重要であることが共有され，聞き方への意識の高まりが感じられた。

　「話し合いのワザ」への意識は様々だが，総じて，使えれば取り入れていこうという自然な感じが見られた。教師が決まった型を与えるのではなく，自分たちで見いだしてきた経験が学びにつながっているのだろう。

　記録メモの振り返り欄の最後には，「本日の手ごたえ」として，五つの☆印を塗って成否の実感を示せるようにした。実際の座談会の様子は，班の構成メンバーによって大きく変わるが，経験を重ねる中で，少しずつ，しっかりと聞き，話し合えている実感が高まってきている。

　わずか10分の座談会では，思いがあってもワザを反映できない場合もあるが，座談会を積み上げていく中で，活用しているか評価していきたい。

(2) 考察

　今回の振り返りでは，ＩＣレコーダーを活用し，自分たちの話し合いの様子を聴き直すことで，客観的に自分たちの話し合いの様子を見つめ直す機会となった。じっくりと聞き返し，多くの気付きを生むことができたが，録音を聞くとメモ中は無音なので，そうした時間を減らそうと，話が切れないように，深く考えることなく応答する様子も見られた。録音を気にし過ぎると話を進める方に意識が流れてしまうので，相手の話を受け止め黙って考えることも大切にできるようにしたい。

　本実践を通して，ねらいとしてきた「つかむ」としての「きく」ことの意識は高まってきている。また，質問したり反応を返したりして「きく」こと

が話し合いを進めていく上で大切であるということの意識化も図ることができてきた。しかしながら、「きく」ことから、話し合いのさらなる充実、内容の深まりにつながるような「はこぶ」「うみだす」に関わる意識を高めることの難しさも感じている。

「きく」ことを支える要素として、「お互いの関係性（人間関係）」「活動の見通し（ゴールイメージ）」「方略の蓄積（モデルパターンの蓄積）」が大切ではないかということが見えてきた。座談会中のメモよりも事後の振り返りを充実させ、自己評価力を高められるよう、指導を工夫していきたい。

自分の意見を主張するだけでなく、他者の様々な考えをじっくりと「きく」ことから得られる話し合うことの楽しさを、実感できるようにすることが、「話し合い」意識を育むことになる。そこがこの実践の肝であることを忘れずに、体感的に「話し合い」意識を高められるよう、継続していきたい。

（片山　守道）

実践についてのコメント

「話し合い」意識は、ここで言う「日常的、継続的」な指導が、意図的・計画的に行われることで身に付いていくと考える。ここでは、4年生を取り上げているが、この実践も1年生からの積み重ね、系統的な指導で成り立つものである。技能的なことは、学習指導要領の系統を見ていけば、それなりに身に付いていくであろう。一方、「話し合い」の基礎となる、互いを敬う気持ちや態度は、学校ぐるみの「話し合い」の系統性がないとなかなか身に付かない。

「君語り、吾聴く」という言葉をもう一度深く考えたい。君が先に来ること、「聞く」でなく「聴く」であるわけを。相手を敬いつつも、しっかりと自分の考えと比べ、深めた考えを伝え「話し合い」に生かしていこうとする態度が身に付くことを期待したい。

（府川　孝）

ひきだす 5 オープンクエスチョンとあいづちでその人らしさを引き出すインタビュー

小学4年　単元名：○○さんらしさを伝える記者になろう

1 単元設定の理由

　初めての宿泊行事である林間学校を控えて，不安を抱えている子どももいる1学期末，お互いをよく知り，安心して関係を深めていけるきっかけとなる活動を設定した。ペアでお互いを取材し合い，その人らしさを知り，新聞にまとめる。そして，それを読んだ林間学校の班の子どもたちが「こういう人なんだ，安心。」「こんなことが好きなんだ，その話をしてみようかな。」などコミュニケーションのきっかけをつかむことを目指す。

　本単元では，特にオープンクエスチョンとあいづちに着目して，4年生なりの積極的傾聴の力を育てることとした。訊き手が話し手を尊重して素直に聴く姿や，訊き手が話し手の心を開き，話を引き出す対話が教室で実現されることを求めている。

　オープンクエスチョン（開かれた質問）とは，「～についてもう少し詳しく教えてください。」「～というとどんなことを思い浮かべますか。」のように，相手から話を引き出して，内容を深めたり話題を広げたりしていく問いである。話し手を尊重しつつ，疑問点や問題点を確認しながら訊く技能である。対して，クローズドクエスチョンは，「はい／いいえ」，「Aか／Bか」，数量，固有名詞など相手の考えや事実を明確にしたいときに用いる。

　あいづちとは，「うん，うん。」「へえ。」のような話への反応である。興味を持って聴く態度であり，また，話に反応しながら聴く技能である。

〈能力表との対応〉

機能／三要素	情意	技能	認知
つかむ	・興味を持って最後まできく ・納得するまできく	・話題を捉えてきく ・順序や話の中心を捉えてきく ・メモをとりながらきく ・事実と意見，発言の異同を区別してきく	・きいてわかったことに気付く ・必要な情報を選んできく
ひきだす	・知りたいことをきく ・目的を自覚してきく	・わからないことや疑問をきく ・話し手の立場や意図を考えながらきく	・相手の言いたいことを予想しながらきく
はこぶ	・相手の気持ちに配慮してきく ・批判を冷静にきく ・反応を返しながらきく	・批判しながらきく ・先を予測しながらきく ・自分のきき方を振り返りながらきく	・流れに合っているか考えながらきく ・根拠の信頼性を考えながらきく ・論の展開や着地点を考えながらきく
うみだす	・相手の意見を尊重してきく ・合意や新たな価値を求めてきく	・自分の意見をまとめながらきく	・他の情報や自分の考えなどとを関連付けてきく

2 ねらい

(1) 必要なことを記録したり質問したりしながらきき，話し手が伝えたいことの中心を捉える。　　　　　　（第3学年及び第4学年A(1)エ）

(2) インタビューしたことから書くことを選び，伝えたいことを明確にして表す。　　　　　　　　　　　　（第3学年及び第4学年B(1)ア）

　オープンクエスチョンとあいづちを意識して用いることで，相手の思いや考えを引き出す対話ができることをねらいとした。

　(1)の，必要なことを記録したり質問したりしながらきくでは，対立的，批判的に相手の話をきくのではなく，相手が自分と異なる考えや捉え方を持っていても，きき手として，中立的，共感的に受け止める。きき手は，オープンクエスチョンとあいづちを意識して用いることで，話し手が意図を的確に表現することを支える。そうすることで，話し手の意図の中心を捉えながら対話を展開することができると考えた。

　その目的がどのように達成されたかを確かめるために(2)の書く活動を行う。

3 単元計画　全9時間

次	時	主な学習活動	手立て・評価
1次	1	・取材を基にペアの相手のその人らしさを伝える記事を書くという目標を持ち，メモの仕方を確認する。 （日常）取材をしてメモに書く。 （帯）人の紹介記事の工夫を見付ける。	・別単元で相手が書いた詩を鑑賞 ノート
2次	2	・校内からお気に入りの場所を決め，「お気に入りの一枚」として写真を撮る。「好きな遊び」を訊いてメモする。	ノート
	3	・「好きな○○ベスト3」を訊き出し，メモを書く。	・あいづちの働きの整理 ノート
	4 (本時)	・「お気に入りの一枚」の写真を基にインタビューしてメモを書く。	・オープンクエスチョンの仕方の整理　ノート
	5	・日記などから取材し，より深く訊きたいことをインタビューしてメモを書く。	ノート
3次	6	・新聞の割り付けをする。	・効果的な割り付けの発見 新聞
	7 8	・新聞を完成させる。	新聞
4次	9	・林間学校の班で新聞を読み合い，交流した感想を基に学習を振り返る。	・インタビューのこつの振り返り　ノート

4 指導の実際

(1) 導入：あいづちを打つ・打たないの違いを体験し，感じたことを話し合う（8分）

　子どもたちからボランティアを2人募り，あいづちを打つやり取りと打たないやり取りの例を演じてもらう。その後，各ペアで，あいづちを打つやり取りと打たないやり取りを体験し，感じたことを振り返る。「あいづちを打たれないと，話していていいのかなと不安な感じ。」「あいづちを打ってくれるときに，にこにこ聴いてくれて，話したいなぁという気持ちになる。」などの気付きが出された。

(2) 展開：学校内のお気に入りの場所を撮った写真を見ながら，ペアでインタビューし合う（32分）

① C2からC1へのインタビュー

C2：たまに一輪車している子っているけど
C1：　　//いるいるいる。（あいづち　強い共感と関心）
C2：そういうところ気を付けてますか。（質問　クローズドクエスチョン）
C1：ああ。よくそれでつかまったりするけど，
C2：　　//ああ。（あいづち）
C1：よけていかないといけないから，よくそれでつかまったりするけど。（答え　エピソード1　鬼につかまる）でもどろけいとかでは，それがさえぎりというか，
C2：さえぎりとして見ている。（繰り返し）
C1：さえぎりというか，鬼が，誰がどこにいるのかわからなくなる。（自分が出した例の反例　エピソード2　鬼から見えない）
C1：一輪車よく，ぐるぐる回っているから。
C2：ああ，（あいづち　同意）回る回る。（繰り返し）メリーゴーラウンドとかさ。
C1：そうそうそう。（あいづち）それであんま見えないというか，気付けない。

C2：　　　//うん。(あいづち)
C1：あと，例えば鬼が来たときに，来たときに鬼もそこを通ってよけて行かなきゃいけないから，
C2：　　　//ああー。(あいづち)
C1：時間かかるからそれで逃げられるっていう。(答え　エピソード３　鬼も時間がかかる。)
C2：ふううん。なるほど。(あいづち了解)

　一輪車で遊んでいる子どもがいる場面を想起し，「いるいるいる」と強い共感と関心を表すあいづちを打ちながらＣ１の中には，話したいことがたくさんあふれたのだろう。訊き手のあいづちの流れにのって，相互作用で話が引き出された。

②　Ｃ１からＣ２へのインタビュー
C1：僕なんか２週間で全然足りないくらい。１か月ぐらいほしい。
C2：え？　１か月でも読み切らないの？　へええ。(あいづち　驚き)
C1：うん，そのくらい読書があんまぁ，苦手だから。読書がすごい苦手だから。
C1：お姉ちゃんとかは，読書が好きだからもう超高速で読めるんです。
C2：　　　//ふうん。ああ，すごい。(称賛)
C1：もう，１日で読み終わる。がんばれば。がんばれば。
C2：　　　//えっ，すごっ。(あいづち　驚きと称賛)
C2：１日で？
C1：そう。あんな分厚い本をこんな短い時間で？！みたいな。
C2：　　　//クスッ。
C1：そんな速く読めます。
C2：でも，最近４年生になっちゃったから，家で本が読みづらくなっちゃった。(自分の話に戻す)本読めるの学校しかない。
C1：ああ，なるほど。(あいづち　同意)
C2：勉強全て終わらないと，本を読ましてもらえないから，たまにトイレで隠れて読んでいます。(秘密の暴露①)

C1：ああ，ははっは。
C2：　　//へへへ。（笑いの共有）
C2：洋服の下に本隠して，おお，お腹痛いって言ってトイレ行って，でそのまま読んでいる。
C1：　　//ああ。（あいづち）
C1：僕もなんか寝るときに本とか持って行って枕の下とかに隠しておいて，（秘密の暴露②）
C2：　　//あああ。（あいづち）
C1：お母さんがたまに見に来るから，その間にこうやって見たりとかして。

　普段，本を読むことが大好きだが，学習や友達との遊びより優先させて読むことには後ろめたさがあるC2が，C1やC1のお姉さんのエピソードを聴いて，この人には話しても大丈夫そうだという安心感を持ったからこそ，とっておきのエピソードが引き出された。

(3) まとめ・振り返り：インタビューについて振り返る（5分）

　ノートに振り返りを書き，交流する。子どもたちの振り返りを概観すると，インタビューに関して，次の3点について，気付きが見られた。

○共感しながら話を広げたり深めたりしていく

　「一つ言ったことから，どんどん広げていくと，しつもんがうまくいった。」

○答える人（話し手）が答えやすいように，具体的にわかりやすく質問する

　「インタビューするときは，答える人のことを考えてきく。こまらないように具体的にわかりやすく。たくさんしつ問するとこまるから，なるべく短く少なくしつ問して具体的にする。」

○受け止めたり助けたりしながら相手の気持ちを考慮して聴く

　「インタビューされる人のことを考えることや，わからないしつ問があったら，『答えられないなら，だいじょうぶだよ！』と言ってあげられた。」

5　評価と考察

(1)　評価

　ノートの振り返りの記述や学習中の発言から，インタビュー方法に関する認知的要素を評価する。また，インタビューの音声記録から，インタビュー中の情意的要素・技術的要素の表れを見とる。

　Ｃ１のノートの記述「インタビューするとき，『○○ですか？』『○○です。』『へえ〜』みたいじゃなくて，『○○ですか？』『○○です。』『○○みたいな。』『○○みたいなかんじです。』『僕なんか○○です。』『だから○○みたいですか？』（というのがいい。）」

　Ｃ１は，訊き手の質問→話し手の答え→訊き手のあいづちのように１往復で短く終わるのではなく，訊き手の質問→話し手の答え→訊き手の確認→話し手の返事→訊き手の自己開示→話し手の確認という２往復半の会話の例を挙げている。インタビューの訊き手が自分について開示し，話し手と対等になってきき手も語る対話型になり，インタビューが深くなっていくことを子どもが感じたと考えられる。

(2)　考察

　第４時では，質問やあいづちで相手の話を引き出すインタビューをして，話し言葉をそのままメモし，具体的なその人らしさを表す記述ができた。第１時の段階では，メモが，「やさしい」「真面目」「字が大きくて見やすい」といった大まかな印象や見ただけでわかる情報にとどまっていたことと比べて，第４時では格段に内容が深くなった。

　子どもたちは，オープンクエスチョンとあいづちを主とした積極的傾聴を学ぶことで，話し手の気持ちを考えながら，答えやすいシンプルで具体的な質問を心がけ，返ってきた返事に共感しながら話を広げ，深めていくことを意識できた。訊き手として，引き出す質問をしたりあいづちを打ったりして，話し手にとって話しやすい場をつくることを学んでいた。

訊き手が，話し手の目の前で，話し手の言った通りをメモすることによって，話が可視化された。時間の流れの観点から言えば，今までの子どもたちの話し合いにはなかった「間」ができ，訊き手が話し手の言葉そのままを受け止めることで，話し手には受け止められている安心感が生まれたと考えられる。

　課題は，引き出す質問が順調にいったために，たくさんのメモが残り，そこから何を取り出して新聞に編集するかに戸惑う様子が見られたことである。インタビューの最中は，夢中になってあまり意識することなく，相手の話の中核へ切り込んでいる。インタビュー後に，話の中で何が重要だったかを改めて２人で振り返る，「編集会議」の段階を構想したい。

(藤枝　真奈)

実践についてのコメント

　互いに取材し合う活動を通して積極的傾聴の力を育て，安心して関わり合い，伝え合う力を高める実践である。インタビューでその人らしさを引き出すには，あいづちや肯定的な応答で共感しながら話しやすい場をつくること，話し手が語りやすい糸口をつかみ，オープンクエスチョンやクローズドクエスチョンを工夫し，対話を続けることが大切である。

　インタビューでは，能動的な「きく」と受動的な「きく」が絶えず繰り返されるが，子どもたちが気付いた「一つの話から広げる」「具体的に短くわかりやすく質問する」「自己開示し，心を開いてきく」といったきき方のこつを様々な実践を通して蓄積し，日常生活でも使えるものにしたい。本実践では，丁寧にプロトコルを記録しているが，インタビューの評価の工夫についても，今後実践を通して深めてほしいところである。

(小林　邦子)

ひきだす 6 きいて引き出し感想を述べる
小学5年　単元名：「きく」能力に着目したインタビューの学習

1 単元設定の理由

　インタビューの学習を設定した理由を次に示す。
　一つめは，子どもたちが次年度所属する委員会決定の時期が迫り，各委員会の活動内容など情報を収集，整理して，所属委員会を決定するための資料を作成する学習が必要とされたことである。
　二つめは，対話に関する能力を育成することが必要とされたことである。
　本学級の子どもたちは，1学期にスピーチの学習「わたしたちの学校生活」を経験し，話の内容づくりや話し方などを習得した。ここでは，スピーチ能力集「榛小5の1　スピーチはこれでOK！」を作成し，折に触れ活用しつつ独話についての能力を高めている。そこで，さらに，他者と相対し，言葉を交わしながら自他を高めるとともに，相互の人間関係をより良好なものへと導くための学習が望まれていた。
　子どもたちにとって，インタビューの体系的な学習は，初めてとなる。モデルからインタビューの概念を捉え，必要な能力に着目していく。そして，これを生かしたインタビューを行い，目的に沿った資料を作成するというプロセスを踏む学習とする。
　インタビューは広く教育活動全般で取り入れることが望まれる言語活動である。能力に着目することに重点を置いた根拠はここにもある。本単元においても学習を通して，インタビュー能力集「榛小5の1　インタビューはこれでOK！」を作成し，必要に応じて活用できるようにしたい。

〈能力表との対応〉

機能／三要素	情意	技能	認知
つかむ	・興味を持って最後まできく ・納得するまできく	・話題を捉えてきく ・順序や話の中心を捉えてきく ・メモをとりながらきく ・事実と意見, 発言の異同を区別してきく	・きいてわかったことに気付く ・必要な情報を選んできく
ひきだす	・知りたいことをきく ・目的を自覚してきく	・わからないことや疑問をきく ・話し手の立場や意図を考えながらきく	・相手の言いたいことを予想しながらきく
はこぶ	・相手の気持ちに配慮してきく ・批判を冷静にきく ・反応を返しながらきく	・批判しながらきく ・先を予測しながらきく ・自分のきき方を振り返りながらきく	・流れに合っているか考えながらきく ・根拠の信頼性を考えながらきく ・論の展開や着地点を考えながらきく
うみだす	・相手の意見を尊重してきく ・合意や新たな価値を求めてきく	・自分の意見をまとめながらきく	・他の情報や自分の考えなどとを関連付けてきく

2 ねらい

(1) インタビューに必要な能力に気付き, これを生かしたインタビューをする。　　　　　　　　　　　　　　（第5学年及び第6学年A(1)エ）

(2) 委員会活動紹介のための冊子を作成するために情報収集, 整理などに意欲的に取り組もうとする。　　　　　（学びに向かう力・人間性等）

　インタビューに必要な能力に気付き, 実際に行うことによって, 能力表の「情意・技能のひきだす」力が磨かれることを重点的なねらいとした。

　インタビューに必要な能力として, ボディー・ランゲージに関するもの, 展開に関するもの, 情報の収集, 整理など中身に関するものが考えられる。本単元では, 思考力育成に関わる「感想を言うこと」にポイントを置く。学習指導要領「A(1)エ」に関して, 「話し手が伝えたいことと自分が聞く必要のあることの両面を意識しながら聞き, 感想や考えを形成すること」とある。また, 聞こうとする意図に応じて話の内容を捉えることについて, 求めている情報, 聞いた内容の生かし方, そのために引き出そうとしている情報などを明確にして聞くことを挙げている。本実践はまさに, これに関連する。

一連の学習では，子どもが互いに関わり合い，自他の考えや活動のよさに気付くようにし，学習指導要領の言う「主体的で対話的な学び」に迫る。

3 単元計画　全8時間

次	時	主な学習活動	手立て・評価
1次	1	・本単元の目的を知る。 ・自分の経験や「徹子の部屋」（テレビ朝日）〈5分程度〉視聴からインタビューのイメージを持つ。	・モデル提示 ・意識調査
2次	2	・教師が実際に行うインタビュー〈8分程度〉を見聞し，インタビューに必要な能力について話し合う。 ・インタビューのめあてを決める。	・モデル提示 ・教師による評価
3次	3 4	・インタビューをする事柄について話し合う。 ・話し合ったことを基にインタビューをする事柄を学習プリントに記入する。 ・インタビューをする順番を決める。	・学習プリント配布 ・教師による評価
4次	5	・インタビューの練習をする。 ①1人で ②2人で（相互にアドバイス）	・「インタビューで使ってみよう言葉集」提示 ・相互評価・自己評価・教師による評価
5次	6 (本時)	・実際にインタビューをする。	・相互評価 ・自己評価
6次	7 8	・委員会紹介集「榛原小　委員会はこれでOK！」を作成する。	・教師による評価（紹介集における記入状況）

4 指導の実際

(1) 導入：本時のねらいを知る（3分）
(2) 展開：実際にインタビューを行う（37分）
① 個々が自己のインタビューの内容，順番を確認する
② 個々が自己のインビューのめあてを確認する

[めあて]（全26名　複数回答）

感想を言う	26
質問することを先に知らせる	6
一つのことを詳しく尋ねる	6
自分の委員会のことを言う	5
あらかじめ知っていることを言う	4
順序を表す言葉を使う	2
うなずく	7
終わりに礼を言う	3
手振り・身振りを使う	2

[インタビュー内容・順序　T児]
① いつ，どこで活動をしているのですか？
② ポスターをはるとき，特に気を付けていることは何ですか？
③ ポスターをはること以外に，どんな活動をしているのですか？
④ 特に楽しいことは何ですか？
⑤ 困っていることや大変なことは何ですか？
⑥ この委員会は，どのくらい重要だと思いますか？
⑦ 入ったきっかけは何ですか？
⑧ 相手への感想

[インタビューのめあて　T児]
○感想を言う。[理由]感想を言うことで，相手が安心するなんて思っていなかったから。
○自分の委員会のことを言う。[理由]自分の委員会のことを言うことで，先生のインタビューでも，とても深まっていったから。
○順序を表す言葉を使う。[理由]先生のインタビューでも使うと，けっこう役に立っていたし，次は違う話だなとかわかりやすいから。

③ インタビューを行うに当たり，確認しておくべき能力について話し合う

T：「感想を言う」ですが，なぜ大事なのか話し合いましたね。でも，これは実際に尋ねてみて初めて言うことが決まるのですよね。練習のとき，どんなことを言っていたのですか。
C：「すごいなあ。」って感心したこと。
C：初めて知ったこと，驚いたこと。
C：予想していたことと違うこと。
C：質問に一生懸命答えてくれたこと。

第2章　【能動的に「きく」ことの能力表】を生かした四つの機能別授業プラン

④　実際にインタビューをする

【インタビュープロトコル】

インタビュアー［T児］	インタビュイー［N児］（広報委員会）
1　今日は，ポスターを貼るときに気を付けていることとか，えっ，楽しいことなどを尋ねていきますのでよろしくお願いします。	2　どうぞ，よろしくお願いします。
3　まず，いつ，どこで活動しているのですか？	4　ぼくたちは，金曜日の6時間目に，あのう，音楽室で活動しています。
5　あっ，音楽室で。はい。	6　ポスターをはがしたりするのは，昇降口のあたり，下駄箱のところです。
7　で，他の日にやっていることはありますか？	8　他の日というのはあまりないですね。
9　あっ，そうですか。わかりました。ええ，それでは，次の質問です。あっ，ポスターを貼るときに特に気を付けていることは何ですか？	10　あのう。やっぱりポスターの貼るところに，後ろに画鋲の針がまだ刺さったままのところがあるんです。（T児「ああっ。」）だから力を入れ過ぎると，少し破れてしまったりすることがあるんですよ。（T児「ああっ。」）だから，破ったりしないように点検しながらやっぱりしています。
11　ああっ，点検してからね。ああっ。ええっ，では，えっ，ポスターを貼ること以外にどんな活動をしていますか？	（以下〈　〉のところは発話内容の要約）
13　折り紙で飾り付けねえ。ああ，そうですか。ええ，それでは，特に楽しいことは何ですか？	〈12　行事を書く　折り紙で飾り付けをする〉
15　ああっ。ええっ。〈自分が楽しいことを話す〉ええ，じゃあ，逆に困っていることは何ですか？	〈14　抜くのが難しい画鋲の針が抜けたこと〉
17　ああっ。破れるね。困りましたね。（N児「はい。」）ええ，では，あの，その，破る人をなくすためにはどうし	〈16　暴れる人がいてポスターが破れること〉

たらいいと思いますか？ 19　ああっ。心がけね。そうですか。ええ，では，この委員会はどのくらい重要だと思いますか？ 21　あっ，そうですか。では，最後に入ったきっかけは何ですか？	〈18　一人一人が心がける〉 〈20　行事を教えたりするから重要だ〉 〈22　違う委員会に入りたかったがジャンケンに負けた。実際にやってみると少し楽しかった〉
23　ああっ，実際にやってみるとね。〈自分が入ったきっかけを話す。〉ええ，えっ，今日は，今日，N君が言ってくれた中で，（N児「はい。」）あのう，点検するということが，ぼくは知らなかったので，（N児「はい。」）あのう，点検することは，ちょっと，重要なんだと思いました。ありがとうございました。	24　ありがとうございました。 （時間4分56秒）

⑤　相互評価・自己評価をする

T児	N児
1　ぼくのインタビューはどうだった？	2　尋ね方がとてもよかったよ。手を使っていたし，「ああっ。」と反応してくれたし。一生懸命聞いてくれているということが伝わってきたよ。
3　ありがとう。緊張したけれど，気分よく言ってくれたので緊張がほぐれたよ。	4　ああっ。いえいえ。こちらこそ，ありがとう。
5　ところで，ぼく，感想を言えてたよね？	6　あっ，言えてた。聞いたよ。うれしかったよ。
7　順序を表す言葉を使っていた？	8　「最後に」とか使っていたね。
9　ぼくのことも話したんだけど。	10　聞いたよ。言ってくれたから答えやすかったよ。

　このやり取りの後，T児は自己評価表に自分のめあてである3事項を書き，それぞれに○印を書き入れた。「尋ねたいことを正しく聞き取れましたか。」の覧には，聞き取りメモを確認しながら○印を書き入れた。

(3)　まとめ・振り返り：インタビューを終えた感想を書く（5分）

5 評価と考察

(1) 評価

単元の目標との関連においてポイントとなる評価方法を述べる。

①第２次・モデルやモデル見聞後の話し合いから
　インタビューのめあてを根拠を挙げて書く。
②第３次・インタビューに必要な事柄を整える。
③第４次・めあてに従ってインタビューの練習をする。

○教師による評価
　学習プリントの記入状況

○教師による評価（机間指導）
［評価表］＝空欄に書き込む(斜体部分)

子ども	○意欲的に練習しようとしている（評価規準）
T児	A　学習プリントに注意点を書き込みながら練習
Y児	B　めあてに沿って練習

○相互評価
　２人一組になる。相手に自分のめあてを知らせる。実際にインタビューを行い，アドバイスをし合う。（途中，終了時）

○自己評価
　練習後，「練習は役に立ったか」という課題で振り返りを書く。［T児］

> 相手がいるからどういうふうに話したらいいのかわかった。「まず」とか「最後に」とかを使えていたと言ってもらった。緊張した。本番で感想がうまく言えるか少し心配だ。

(2) 考察

　音声言語の学習におけるモデル提示は目標実現のポイントとなる。第２次では，ひとまとまりのモデルを提示し，「感想を言う」を意図的に取り入れ，子どもたちが取り上げた時点でその意義について話し合い，今回のインタビューでは，全員がめあてとすることとした。モデルから子どもたちは，「あいさつをする」「うなずく」「知っていることを挙げながら」など様々な能力に気付いていった。内容を整えることも含め，これら全ての能力が「ひきだす」ことにつながっていく。「感想を言う」という能力は，インタビューを

展開する際の心構えに関係する。何よりも思考力育成に深く関わる。相手の答えを感想と関係付けながら聞き取っていくことになるからである。実際，本時におけるＴ児は，自己の持ち得る相手の情報，自己の経験した活動や考えと対比させながら，また，今，尋ねていること，前に尋ねたこと，これから尋ねることとを関連させつつ，感想とすることがあるのかないのか，何を感想として取り上げるかなどと思考を働かせつつ聞いていたと判断する。「あっ。」「ああ。」「ああっ。」などは相手の話を受け止めるのと同時に，感想についての考えを巡らせる「間」となっていたのではないだろうか。

第３次で行った「知っていることを挙げておく」「尋ねることを自分の立場で答えておく」という活動は，「感想を言うこと」に有効に働いた。

インタビュー直後の相互評価でＮ児は，「一生懸命聞いてくれているということが伝わってきた。」と述べた。インタビュー（ひきだす）を通して，あたたかな心の交流がなされたのである。

委員会紹介集，「感想を言う」他インタビュー能力集30項目も完成した。

（佐田　壽子）

実践についてのコメント

　佐田氏の授業の一番の見所は，巧みなしかけの中で，学習者が深く考え，自ら発見し，予想を超えて成長していくことである。「委員会の資料づくり」という学習者にとって必然性のある具体的な「きく」目的を設定したことで，学習者は高いモチベーションを保ちながら，生き生きと取り組んでいる。

　モデルから，「きく」ための様々な技能を発見した学習者は，次に各々個人課題を意識してインタビューに臨むのであるが，課題の選定には理由が問われている。この理由が，学習者による技能の価値付けに当たり，「きき方」の意識化客観化がなされている。インタビュー直後の相互評価で，「きく」立場であった自分の言葉を，相手がきちんと「きいてくれた」と認識したとき，佐田氏がねらった温かな心の交流が生まれ，自他共に高まるインタビューが達成したと言えるであろう。

（田口　志津代）

ひきだす 7 能動的な受容ができる「きき手」を育てる
―「内面発掘型」の対話を通して―
中学1年　単元名：きいて嬉しい　話して嬉しい　対話をしよう
―思いを引き出す―

1 単元設定の理由

　「対話」は人間関係形成や学び合いにおいて重要である。これを支えるのが「きく」力である。ところが，行儀よく正確に落とさずに聞くといった受動的な面の指導がされがちである。そのためか多くの生徒は「話すのは緊張するけど聞くのは責任が問われない気楽な行為」という認識を持っている。
　本単元では対話という言語活動に取り組ませ，「きき手」が相手の思いや考えを引き出しながら訊くことを中心に学習を展開する。期待する姿は，相手に対する敬意をベースに，相手の語る内容に価値を認め，さらに引き出しながら能動的に受容し，その中に「人となり」や「ものの見方・考え方」を発見しようとする姿である。これを実現するのは，他者への関心，相手を全面的に受け入れようとする構え，相手の言外の思いを汲み取る力，共感，納得，感嘆をうなずきやあいづちで伝える表現力，必要に応じて相手の話した内容を確かめたりさらに話してほしいことを尋ねたりする力，相手自身が無自覚な部分をも引き出す力，目的や状況に合わせて対話を調整する力などである。
　そこで，次の方針で能動的に「きく」力の育成を図り，友達を支えながら悩みをきく，授業中の話し合いで仲間の考えを引き出す問いかけをする，苦手な先輩とも思いを語り合うなど，言語生活の場面で実践できるようにしたい。
　①きくことの難しさを実感させて，きくことに対する課題意識を高める。
　②「試みる→課題を持つ→モデルからヒントを見いだす→再挑戦する→振り返る」というプロセスをたどり，「わかる」を「できる」ようにする。
　③臨場観察や録画観察を通して「きく」という行為をメタ認知させる。

〈能力表との対応〉

機能／三要素	情意	技能	認知
つかむ	・興味を持って最後まできく ・納得するまできく	・話題を捉えてきく ・順序や話の中心を捉えてきく ・メモをとりながらきく ・事実と意見，発言の異同を区別してきく	・きいてわかったことに気付く ・必要な情報を選んできく
ひきだす	・知りたいことをきく ・目的を自覚してきく	・わからないことや疑問をきく ・話し手の立場や意図を考えながらきく	・相手の言いたいことを予想しながらきく
はこぶ	・相手の気持ちに配慮してきく ・批判を冷静にきく ・反応を返しながらきく	・批判しながらきく ・先を予測しながらきく ・自分のきき方を振り返りながらきく	・流れに合っているか考えながらきく ・根拠の信頼性を考えながらきく ・論の展開や着地点を考えながらきく
うみだす	・相手の意見を尊重してきく ・合意や新たな価値を求めてきく	・自分の意見をまとめながらきく	・他の情報や自分の考えなどとを関連付けてきく

2 ねらい

(1) 対話の価値やきく行為の重要性を自覚し，相手の気持ちに配慮しながら能動的に話をきき，温かい人間関係をつくろうとする構えを持つ。

(学びに向かう力・人間性等)

(2) 相手の話す内容に共感したり，相手の思いを引き出す問いかけをしたりして，相手を支えながら能動的に対話を展開する力を高める。

(第1学年A(1)オ)

本単元に関わる指導事項は，第1学年の〔思考力・判断力・表現力等〕A話すこと・聞くことの指導事項「エ　必要に応じて記録したり質問したりしながら話の内容を捉え，共通点や相違点などを踏まえて，自分の考えをまとめること。」である。学習指導要領では，主として論理的な内容のやり取りが想定されているが，感性的な対話についても「何のためにどのような状況で話をきいているのかを意識」することや，「その場の状況に応じて」「質問の適切な機会を捉え」て「話し手が伝えたいことを確かめたり，足りない情報を聞き出したりするなど，」「効果的に質問することが重要である」。

3 単元計画　全5時間

次	時	主な学習活動	手立て・評価
1次	1	内面発掘型対話へのイメージを持つ。 ・自分のきく行為への意識を自覚する。 ・対談番組（「サワコの朝」）を視聴して対話自体やプロのきき方のよさに気付く。 ・学習へのめあてや見通しを持つ。	・小学校での既習事項を確認し，それに学びを積み上げる意欲をもたせる。
1次	2	校内の先生と対話してみて，自分のきき方の課題を見いだす。（以下①～⑤の順に行う。） ①対話前に友達の対話を観察する。 ②観察されながら先生と対話をする。 ③対話から自分のきき方を振り返る。 ④対話中の思考・判断を分析して記録する。 ⑤全員で感想や学習課題を共有する。	・内面をきく対話の難しさを実感できる。 ・対話を振り返り，自分のきき方について課題を見いだす。
2次	3	モデル対話Ⅰからきき方のヒントを見付けて話し合う（共感的な聴き方を中心に）。 ・生徒A（教師選出）と生徒B（生徒A選出）で行うモデル対話を観察する。 ・相手に気持ちよく話してもらうための具体的な言動を見付け，その効果を話し合う。	・相手の思いや考えを引き出すには，興味を示したり共感したりすること，また，内面に迫る問いかけをすることが大切だと気付くことができる。
2次	4（本時）	モデル対話Ⅱからきき方のヒントを見付けて話し合う（引き出す問いかけを中心に）。 ・活動は前時と同様に行う。	
3次	5	日頃対話の機会が少ない友達を相手に対話に再挑戦する。単元での学びを振り返る。	・学習成果と課題を自覚する。

4　指導の実際

(1) 導入：本時の学習課題を確かめる（5分）

T：前の時間では，相手が気持ちよく話してくれるためのきき手の共感的な聴き方について考えましたね。では，今日は，何を考えていくのですか？

C：相手の思いをさらに引き出すにはどのように質問をすればよいか，です。

T：そうですね。思いを引き出す訊き方について学ぶためのモデル対話をしてくれるのはAさんとBさんです。Aさんがなぜ B くんを相手に選んだのか教えてもらいましょう。（その間，Bは席を外す。）

> AさんとBくんは普段交流はあまりない。学級の「自己開示タイム」で，BくんはクラスメイトのNくんと一緒にコミカルな振り付けのコントを披露する。Aさんを含めて誰もが驚いた。それは，「まじめキャラ」で通っていたBくんの意外な姿だったからである。そこでAさんは，Bくんの内面を知りたいと思い，インタビューの相手に選んだ。（こうした動機を学級全体の観察者に伝える。）

(2) 展開：モデル対話Ⅱ（きき手：学習者A，話し手：学習者B）を観察し，思いを引き出す効果的なきき方について見付けて，話し合う（35分）

① 対話を観察する

ア　目の前で展開するモデル対話（約3分間）をメモをとらずに観察する。

> 観察対象となった【モデル対話Ⅱ】のプロトコル
> A：Bくんってまじめな人かと思ってたんね。あんまりかかわったことなかったけど。それなのに，この間Nくんとのお笑い芸を見て，えって本当にびっくりした。それで，まず……きくんだけど，いつからみんなの前でああいうことができるようになったの？（緊張でとても早口。）
> B：……ん－。部活とかで友達と話をしていたら，自分が笑ってる側から，笑わせる側になったら，楽しかったから……。（緊張と恥ずかしさからか，とても硬い表情。目を合わせられない。）
> A：そういうふうに盛り上げるのが好きになったんね。でも，部活なら前から入っていたよね。何かきっかけでもあったの？
> B：（困った表情で）いやまあ，自然な感じで，特別な何かがあったからではなくて，自然な感じで。
> A：ふぅん自然な感じで……。（少し困惑した表情で少し言葉に詰まってから）Nくんとやってたけど，いつの間に…。練習とかしたの？（心を込めて）
> B：そういうわけじゃない。出会って話をしているうちに「自己開示」で（Nくんに）やってって言われたときに，「じゃあやろう」ってそんな感じになって……。いや，あれは2人とも知ってたギャグだったから，ほんとに奇跡的なぐらい……。（ここで，顔が上がり出す。）

```
A：（力強く）奇跡的だったんだ。でもほら，Bくんってやるときはやるじゃない？　勉強
　　とかまじめにね。学校ではほら，3組はみんなあったかいからそういうことできるかも
　　しれんけど。家とかでもそんな感じではっちゃけてるの？
B：いや～どうだろう。家でははっちゃけてる姿はあまり見せないと思う。
A：みんなの前でそんなことやるって恥ずかしいって，普通なら思うよね。（うなずくBの
　　顔を見ながら）どうしてそんなことできたの？。
B：（少しの間考えて，その後で）……うん。やっぱり，さすがに1人だったらこわくて，
　　やっぱり，でも友達くん（いい間違いに照れ笑い），Nくんがいたからこそできたんだ
　　と思う。（しっかりした口調で）
A：（笑顔で）じゃあ，あの人（＝Nくんを指す）は強い味方だと？！
B：そう，強い味方。本当に強いと思う。（Aと目を合わせ笑顔で力強く答える。）
```

イ　対話を観察してきき方について気付いたことをノートに書く。
ウ　モデル対話の録画を見て，気付きを確かめたりさらに気付いたりする。
エ　どんなきき方がどんな効果を生んでいたかを考え，ノートに書き加える。

② 課題「相手の思いを引き出す質問はどうあればよいか」について，モデル対話
　　の中のよかった問いかけを基に全体で話し合う

T　：対話を観察して「ここ，いいなあ」と思うところがあったと思います。どう
　　　ですか？
C1：今，観察していて，やっぱり自分がきき手だとしても，そんな恥ずかしいと
　　　思うことをなぜやれるのかなと気になりました。そこにちょうどAさんは
　　　「どうしてそんな恥ずかしいことできるの？」と訊いたから，その質問のおか
　　　げで，Bくんが友達という存在を大切にしているとわかりました。
T　：もう少し話してくれますか？　C1くんはAさんのその質問にはどんな効果
　　　があったと思うの？
C1：Bくんがいつも真面目なのに，面白いことをやれるということに対して，そ
　　　れがNくんの存在があったからっていう，Bくんのなんかそういういつもと
　　　は違う面についてきくことができた。
T　：あの質問はBくんの友達に対する存在価値を引き出したって，観察していて
　　　思ったのね。
C2：ぼくも似ていて。Aさんがその前にした質問は，「家でもはっちゃけとる？」
　　　とかいう，目でわかるような質問なんだけど，今の質問だけは，Bくんの心
　　　や頭の中を見てみないとわからないわけだから，Bくん自身も「あっ，何で
　　　だろ」って頭で考えて，それで自分のベストの答えを出して答えた。この質
　　　問は見ていても答えられない。頭で考えてやっと答えが出るような質問だと
　　　思います。
C3：私も，この質問ってBくんにしか答えられないと思う。Bくんが面白いこと
　　　をやって，Bくんも楽しんでいるって，それはBくんが笑っているから，周
　　　りからも「Bくんは楽しいんだ」と見ていればわかる。でもこの「恥ずかし
　　　いとか思わないの？」という質問の答えはBくんにしかわからない。本当に

```
        Bくんの内面だからすごく深く掘り下げる本質に迫る質問だったんじゃな
        いかと思う。
T ： なるほど。ここが本当によかったとみんな言っているけど，Bくん本人はど
    うだったの？
B ： そういうふうにAさんに質問してもらって，すごくよかったと思います。
T ： 見てもわからない，Bくんだけにしか答えられない質問だったという意見に
    ついてはどう？
B ： 全くその通りで，自分でも，あれ，なんでぼくは恥ずかしいのに恥ずかしが
    らずにできたんだろって，一回自分の中で考えてから，友達というものにつ
    なげられた。思い出して考えていました。
T ： すごいね，Aさんは，Bくんに自分自身のことを気付かせたってことだよね。
C4： 今思ったことですけど，Bくんが考え込んだ感じで「友達がいたから」と答
    えた後に，そういう重要な問いかけに答えが返ってきた後，「Nくんは強い味
    方だと。」って，もう一度強調して繰り返したところなんですけど，Bくんの
    答えを言い換えて，もう一回強く確認するコメントをしたことで，この質問
    （「恥ずかしいのになぜできたの？」）の効果がもっと上がったと思う。
C5： 前半部分は（Aさんが）何を訊いても，（B君は）「あまりないとか」ちょっ
    とぼやかした感じで答えていたのが，急にNくんのことになったところで，
    なんか通じ合えたっていうか，共感できたのではないかと思います。（※この
    発言に対して，対話モデルのAさんが大きくうなずく。）
T ： 「強い味方だと」という返し，よかったね。どうしてAさんはこんな言葉を
    言えたのだろうね。
T ： 通じ合った場面をもう一度ビデオで見てみようか。（全員にこやかに視聴，A
    Bは照れながら視聴）Bくんの顔が変わっていったのがわかった？　最初は
    堅く緊張して目も合わせられなかったのにね。まさにきき手であるAさんの
    きき方がすばらしかったんですよね。
    ……（続く）
```

(3) まとめ・振り返り：学びをまとめ，今後実践することを書く（10分）

T：対話モデルを観察して，自分に生かしたい「相手の気持ちを引き出すヒント」
　は見付かりましたか。
C：ぼくは人と話すとき，その人が少し考えないとわからないような，その人にし
　かわからないような質問をして，相手のことを掘り下げてききたいと思いました。
C：私は，「そうか！」と思った部分では，力強く繰り返して共感したいと思いました。
T：そうですね。緊張しながらもモデル対話をしてくれた2人のおかげで，きき方
　で大事なことをたくさん見付けられましたね。次の時間は，あまり話したこと
　のない他のクラスの人を相手に対話に挑戦します。たくさんの意見が出まし
　たが，今日学んだことの中で，次の時間の対話で実践してみようと思うことをノ
　ートに書きましょう。
　……（この後，ノートに書いたことを交流して授業を終える。）

5 評価と考察

(1) 評価
① 評価の観点
（主体的に学習に取り組む態度）
・対話におけるきくことの重要性を認識しながら，自身の課題やポイントを見いだし，それを生かしながら相手の話をきこうとしている。

（思考力・判断力・表現力等）
・相手の話に関心を示し，うなずきながら積極的に受け止めている。
・対話の展開や相手が語りたいことを予想しながら相手の思いを引き出す問いかけをしている。

（知識・技能）
・相手理解のために，発話に用いられた言葉やその調子に注意している。

② 評価方法
　いずれの観点も，対話の様子，相手が受けた印象，対話の観察の様子，ノート記述，評価カードの記述などから総合的に判断する。

③ 評価カードの例

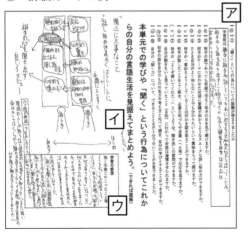

ア チェック欄
　本単元で付けたい力を観点とし，学習者の立場で設定する。（導入時に示す）

イ 言語生活で生かす学びを図解
　今後の自分のために学びをまとめる。

ウ 学習の感想
　特に心に残った学びを書き留める。

(2) 考察
① 自身の「きく」を「メタ認知」させる

　実生活でも生きて働く力にするため，本単元では，生の対話を観察してそれを分析する活動を頻繁に取り入れ，対話における「メタ認知」能力を強化した。「観察される」状況，また対話の流れとその都度の自分の思考・判断とその効果の客観的な振り返りが，メタ的な意識を育てたと考える。

② 実の目的を持った対話をその場で教材として観察・分析させる

　モデル対話をする学習者には，心から聞いてみたい相手を選ばせ，事前の打ち合わせや練習をしないで，対話させた。その場の雰囲気を共有しながら，モデルの場面に適応した思考・判断・表現を検討し合った。こうしたことで「対話」の本質的な特性に応じた学びが可能になった。

（萩中　奈穂美）

【参照】
・萩中奈穂美「中学校『思考力』を育てるアクティブな国語授業づくり　『瞬発的な思考・判断・表現』に働く『メタ認知力』を高める『聞くこと』の授業づくり」『教育科学　国語教育』No.789　明治図書　2015.9

実践についてのコメント

　本書の主旨の一つとして，「きく」という行為・活動と，これに係る情意・認知とを明らかにすることがある。本実践は，対話者自身が対話中の瞬間的な思考・判断を想起し記録することで，メタ的な意識を育てようとしているが，もう一つ注目したいのが，モデル対話Ⅱでの効果的な質問についての生徒の分析である。その中の「Aさんがその前にした質問は……目でわかるような質問なんだけど，今の質問だけは，Bくんの心や頭の中を見てみないとわからないわけだから……」。下線部は，生徒自身の言葉によるものだ。この換えようのない表現が，対話についてのメタ的な意識が高まった瞬間を示している。対話する側，観察する側，双方の立場に，生の対話を観察・分析することの有用性が生まれている。

（宮嵜　信仁）

ひきだす 8 相互作用がつくり上げるインタビューの場
―インタビュイーとインタビュアーの関わりに着目して―
中学2年　単元名：インタビューについて考えよう

1 単元設定の理由

　本単元は，中学2年生を対象として行った実践である。ＶＴＲ分析や学校司書へのインタビュー取材を通して，「よりよいインタビューとは何か？」について考えを深めていった。より能動的な「きく」ことの学習を展開するために，インタビュー対象は学校司書に設定した。生徒にとっては，日常的に関わってもらっている存在でありながら，改まって踏み込んだ話をする機会があまりない存在だったからである。そのため，生徒たちはインタビューによって，さらに学校司書の人柄に迫れること，司書という仕事に込めている想いをインタビューによって詳らかにしていきたいという願いを共有することが出発点となっている。

　インタビューは単に質問を投げかけてそれに機械的に応えてもらうものではなく，取材をするインタビュアーとそれに応えるインタビュイーとが対話的な空間や関係を熟成させながら深めていく取材形式だと考える。「きく」ことの三要素「情意・技能・認知」を相互補完的に働かせながら，自ら主体となって「きく」ことが，インタビュー学習のねらいであり，本実践では，学習者がインタビューを通して主体的に「きく」活動を展開していくことを期待して実践を行っている。インタビュアーとインタビュイーとの相互作用が生まれる生きた言葉のやり取りの場として，インタビュー学習を活用することで，よりよい「きき手」を育てることにつながると考えて単元を計画した。

〈能力表との対応〉

機能／三要素	情意	技能	認知
つかむ	・興味を持って最後まできく ・納得するまできく	・話題を捉えてきく ・順序や話の中心を捉えてきく ・メモをとりながらきく ・事実と意見，発言の異同を区別してきく	・きいてわかったことに気付く ・必要な情報を選んできく
ひきだす	・知りたいことをきく ・目的を自覚してきく	・わからないことや疑問をきく ・話し手の立場や意図を考えながらきく	・相手の言いたいことを予想しながらきく
はこぶ	・相手の気持ちに配慮してきく ・批判を冷静にきく ・反応を返しながらきく	・批判しながらきく ・先を予測しながらきく ・自分のきき方を振り返りながらきく	・流れに合っているか考えながらきく ・根拠の信頼性を考えながらきく ・論の展開や着地点を考えながらきく
うみだす	・相手の意見を尊重してきく ・合意や新たな価値を求めてきく	・自分の意見をまとめながらきく	・他の情報や自分の考えなどとを関連付けてきく

2 ねらい

(1) 相手の話した内容を的確に受け止めて質問を重ねることで，自分が聞きたい内容を引き出していくことができる。　　　　　（第2学年A(1)エ）

(2) インタビュー活動に対する理解を深め，より有効な聞き手としての関わり方について考えることができる。　　　　　（第2学年A(1)オ）

上記のねらいを達成するために，いくつかの指導上の工夫をした。一つは，テレビのインタビュー番組を視聴してモデルを示し，学習のイメージを持てるようにしたことである。インタビュアーの工夫に着目して望ましいインタビュー像を持たせた。二つめにインタビュイーを学校司書にお願いした（単元設定の理由の通り）。三つめに，インタビューの場で生徒たちに役割を持たせたこと。特に記録，サブの役は記録しながらインタビューをモニターする機能も期待した。四つめに，学習の自己評価についてはルーブリックを示した。事前に評価基準を示すことで目標を意識しつつ取り組めるのではないかと考えた。

3 単元計画　全6時間

次	時	主な学習活動	手立て・評価
1次	1	・「よいインタビューとは何か」を考える。 ・羽生善治氏に対するインタビュー動画とその資料を分析し，どのような工夫があるか考える。	・インタビュアーの工夫として「確認」，「要約」，「転換」，「反復」，「共感」を提示。 ・根拠を持って分析と考察を加えている。
2次	2	・グループ内での役割を決める。事前質問を考える。 ・グループ内でインタビューの練習をする。	※役割＝ 「第一インタビュアー」 「第二インタビュアー」 「記録・計時係」 「サブ」
	3 (本時)	・学校司書へのインタビューを1グループ5分（全6グループ）で行う。	・発言 ・事後の自己評価・相互評価
3次	4 5	・前時で行った各グループのインタビュー記録を見ながら振り返りを行い，分析して気付いたことについて助言や質問をし合う。	・インタビューの動画を見ながら，それぞれのグループの工夫と，成果をまとめる。
	6	・インタビューＶＴＲを視聴し，プロのインタビュアーの技術や工夫について再度考える。 ・「よりよいインタビューとは何か？」「インタビューで大切なこととは？」について，それぞれの考えを文章にまとめて，単元の振り返りを行う。	・自分たちのインタビューを想起しながら比べる。 ・単元の振り返り記述

4 指導の実際

(1) 導入：インタビューのめあてを確認する（5分）

　事前に用意していた質問をする役割（第一インタビュアー）と，返ってきた回答を受けて展開させる役割（第二インタビュアー）と記録・計時の役割，サブの役割と担当を確認する。ただし，担当者以外も積極的にインタビューに参加して構わない旨を確認する。

(2) 展開：学校司書へのインタビューを行う（40分）

Ｃ１：第一インタビュアー　　Ｃ２：第二インタビュアー
Ｃ３：記録・計時　　　　　　司：学校司書（インタビュイー）

Ｃ１：本日はお忙しい中，インタビューを受けていただいてありがとうございます。
司　：よろしくお願いします。
Ｃ１：まず最初に，先生が司書になったきっかけとは何ですか？

> あらかじめグループで設定していた一つめの質問。→「知りたいことをきく」

司　：えーとですね。私は子どもに関わる仕事をしたいなというのは学生の頃から思っていたんですけれど，実際に大学に入って教員免許，先生になる免許を取って，教育実習に行ってみたら，あれ，「私は先生にはちょっと向かないかもしれないな。」と思って，先生という仕事は諦めたんですけど，社会に出たあと，仕事をしながら，「あ，やっぱり子どもに関わる仕事をしたいな。」と思ってたんですね。そこで，働きながら司書の資格を取って，学校図書館で毎日子どもと接する仕事をしたいな，という想いが強くなって，それで司書の資格を取りました。

Ｃ３：もともと本は好きだったんですか？

> 学校司書の回答を受けて，子どもと関わる仕事の中でも，なぜ司書の仕事を選んだのかを尋ねている。質問した生徒は，司書の先生は昔から本好きだったのだろうという予想のもと，話を展開させようとしている。→「知りたいことをきく」「先を予測しながらきく」

司　：そうですね。絵本が好きだったと思います。親がホームライブラリーをして

いたので，夜になると，毎日2・3冊は何かホームライブラリーから持って
きた本を読んであげるよ，ということで，幼稚園の頃からいろんな絵本を読
んでいました。
C2：あのー，絵本が好きだったということなんですけど，学校の図書館よりも公
共の図書館の方が小さい子たちと絵本が読めるんじゃないかと思ったんです
けど，どうして学校を選んだんですか？

> 前の回答を受けて，疑問に感じた点をそのままにせず，投げ返している。回答を
> 批判的に吟味して質問として返したことが，次の回答を導き出すことにつながっ
> ている。結果的に最初の質問「司書になったきっかけとは？」を総括する流れに
> なった。→「わからないことや疑問をきく」「流れに合っているか考えながらき
> く」

司　：そうですね。公共図書館にも図書館実習ということで行くことは行ったんで
すけど，やっぱりちょっと公共図書館と学校図書館で違うのは，学校図書館
だともちろん本が好きな人も図書館には来るけど，中には，本なんか嫌い，
図書館にあんまり行かないという人も，必ず生徒の中にはいるので，むしろ
そういう本に関心がないとか，本が嫌いだという人とのやり取りが私はすご
く面白いです。なので，学校の図書館に私はいたいな，と思いました。
C2：先生がおすすめする，本の嫌いな子たちに向けての本に対する想いってどん
な感じですか？
司　：いきなり分厚いものを読むのは難しいと思うんですけど，まず図書館に来て，
（中略）図書館の空気に触れるとか，そういうところからまず始めてもらいた
いと思います。
C1：先生はどのような図書館の空気をつくってるんですか？

> 仕事上の工夫について，引き出すための質問。今までよりも踏み込んだ質問に，
> 学校司書の答え方にも熱がこもる。→「流れに合っているか考えながらきく」

司　：そうですね。あのー，本が嫌いだったり，足が遠のいている人もたまにちょ
っと入り口に近づいてみると，あ，今日読んでみようかなって思ってもらえ
るような，ちょっとやわらかい感じの図書館というか，あまり威厳があって
ちょっと身を引いちゃうような図書館ではなくて，誰もがちょっと入りたく
なるような感じの雰囲気の図書館を目指しています。

C1：先生の理想の司書っていうのは，どのような司書ですか？

> あらかじめ用意していた二つめの質問。「理想の司書とは」という質問は，後日に他のクラスでもあった。しかし，そのグループでは，開始直後に質問したため，インタビュイーは「いきなりですか。難しい質問をしますね。」と言って，深まりが生まれなかった。このグループでは，ここまでのやり取りによって醸成されたインタビューの雰囲気が功を奏している。→「論の展開や着地点を考えながらきく」「相手の気持ちに配慮してきく」

司　：そうですね。附属の学校図書館にはそれぞれ司書さんがいるんですけれども，例えば附属の世田谷中学校の司書さんはもう30年くらいお仕事をずうっとなさっている大ベテランで，私はすごく憧れている司書さんなんです。（中略）ああ，自分もああいう本の引き出しをいっぱい持って子どもと接する司書さんにいつかなりたいな，と。

C2：私が思ったんですけど，この図書館ってたくさんの本があるじゃないですか？　けど，先生って一つ一つの本を何か，ちゃんとわかってるっていうか。どうして全部の本を理解できてるんですか？

司　：なかなかやっぱり２万冊を超えると，どういう本があるのか，全部の本を読むことはできないですけれども，自分で購入して入れたものの本については，なるべく目を通してから入れているので，私が勤務してからの本については，ある程度頭に入っていると思います。

C2：司書さんってもっと固い感じかなと思ったんですけど，先生はすごい生徒と触れ合ってくれて，すごいよい司書さんだなといつも思ってるんですけど，この雰囲気が明るくなる秘訣って何ですか？

> C2の生徒は，日ごろから図書館をよく訪れて学校司書と交流する機会が多かった。日ごろの会話では出しにくい話題も，インタビューという場の中だからこそ質問できている。この質問は「あえて忙しく見せないようにしている」と回答している。インタビューを見守っていた他の生徒から「あー，そういえば。」「確かに。」など，納得の声がもれた。→「きいてわかったことに気付く」「話し手の立場や意図を考えながらきく」「反応を返しながらきく」「合意や新たな価値を求めてきく」

(3) まとめ・振り返り：インタビューの自己評価と相互評価を記入する（5分）

　事前に提示してあるルーブリック（評価の観点と基準を示した表）を参考に，自己評価と他のグループの評価を行い，活動の振り返りとする。

　評価規準は「インタビュイーの話を受けて，さらに質問を重ねることができたか。」「インタビューをして，理解が深まったか。」「インタビュー全体の流れを踏まえて参加することができたか。」の3観点とした。生徒は，それぞれの観点について，0～10点でそれぞれ評価を行い，その評価自体を実態と照らし合わせて，教師の評価とした。

5 評価と考察

(1) 評価

　インタビュー中の生徒の対話の実態や，事前事後の学習における発言や記述に基づいて生徒の「きく」力を評価した。本単元では，インタビュアー（学習者）とインタビュイー（学校司書）とがインタビューという場を共有しながら熟成させていくことで，よりよいインタビューをつくり上げていくことをねらいとしていたのは前述の通りである。「きく」の能力表の中では特に「ひきだす」に重点を置いて評価した。事前に，生徒に示したルーブリック（評価表）の観点と評価基準に沿って，生徒たち自身も相互評価と自己評価を行っている。

　インタビューを進める中で，学校司書として図書館づくりに込めている想い，過去にあった失敗談，生徒たちが話しかけやすくするための工夫など，インタビューすることで初めてわかる"情報"を「ひきだす」ことができたグループがいくつもあった。事前に用意した質問に固執せずにその場で出てきた回答に応じてさらに質問を重ねたり，言い換えて要約したり，話題を転換したりと，意思疎通を行いながら即時に判断してインタビューを展開している生徒の姿があった。

(2) 考察

　インタビューという取材形式には，インタビュアーとインタビュイーとが，相互に関わり合いながらつくり上げていく対話の場としての確かな価値がある。自分自身でも自覚できていなかった想いに話しながら気付いたり，インタビュアーは，取材対象に対してさらに親しみと興味を抱いたりすることができる。相互作用とは，すなわち双方の間に「話してみたい」「聞いてみたい」「この相手とのやり取りが心地よい」という信頼関係が醸成されていくプロセスでもあると言えよう。「話す・聞く」の学習は対人間を前提として行う学習活動である。その根底には，学習者が一種のフロー状態（個人が成長するために揺さぶられる状態）にあることが大きな意味を持つ。

　「きくこと」の指導は，音声言語を中心にしてのやり取りであるがゆえにその場ではその成果が認識されにくい面があるが，能力表を活用して「3機能」と「3要素」を意識して学びの実際を抽出することが，学習者の実態を見とっていくのに有用であることも再認識することとなった。　　　（荻野　聡）

実践についてのコメント

　荻野氏が述べているように，インタビューを学習材とした学びは音声言語のやり取りが中心だけに，教室という集団学習の場では学習経過と学習成果が見えにくいことが多い。荻野氏は，機能と3要素へのマトリクスを生徒に意識させることによって"学びの見える化"に取り組んだ実践と受け止めた。

　学習者は，「きく」という行為に臨む心構えや目的意識を明確につかみ，実際の行為では，駆使するスキルとともに質問と応答の確かさや，深まりを感じ取りつつインタビューを進めたり，記録したり，検証に取り組んでいた。よりよい「聞き手」となることを目指した学習者にとっては，インタビュイーの内面に近づけた実感をどれだけ持てたのかが到達スケールの一つとなっていたであろう。「聞く」に取り組む学習が，自らの「きく」にどのように「効く」ものであったのかを自己評価できる実践となった。欲を言えば，3次での生徒間の関わりの具体がもう少し知りたかったと思う。

（川嶋　英輝）

9 はこぶ モニタリングで育む メタ対話意識と「応じる力」

小学2年　単元名：「きく」学習をフォローする「トークタイム」実践

1 単元設定の理由

　「話す・聞く」学習の評価は難しい。その原因の一つとして，音声言語の消失性が挙げられる。子どもが学習の中で話す言葉は，生まれてもすぐに消えてしまう。その上，そのような音声言語を対話の中で子どもがいかに聞いているのか，聞く力を評価することはさらなる困難を極める。ややもすれば「話す・聞く」力を態度面でのみ評価してしまうことも考えられる。「聞いて（話して）いる相手の方を見ているか」「正しい姿勢で話して（聞いて）いるか」「声量は適切か」「うなずきながら聞いているか」等である。これでは，聞く力はもちろんのこと，話す力の伸長さえ危ぶまれかねない。

　本稿に示す「トークタイム」は，前任校である尼崎市立水堂小学校勤務時代に先述の課題を克服するために考案したものである。この実践では「きく」の三つの働き（聞く・聴く・訊く）のうち，「訊く」に軸足を置いて取り組んでいる。「トークタイム」とは，対話場面における子どもたちの「訊く」言葉に焦点を当てながら，モニタリングを生かした子ども同士の相互評価によって，子どもたちの「応じる力」を活性化させ，「きく」力全体の伸長を意図した実践である。「トークタイム」に取り組む中で子どもたちは，「訊く」ことを通して相手の考えを引き出すこと，モニタリングによる対話の可視化を通してお互いの言葉が応じ合いながら展開していくこと，この二つを自覚的に学ぶことができる。それは，新学習指導要領が示す「対話的な学び」の基底をなすものでもあると考えている。

〈能力表との対応〉

機能／三要素	情意	技能	認知
つかむ	・興味を持って最後まできく ・納得するまできく	・話題を捉えてきく ・順序や話の中心を捉えてきく ・メモをとりながらきく ・事実と意見，発言の異同を区別してきく	・きいてわかったことに気付く ・必要な情報を選んできく
ひきだす	・知りたいことをきく ・目的を自覚してきく	・わからないことや疑問をきく ・話し手の立場や意図を考えながらきく	・相手の言いたいことを予想しながらきく
はこぶ	・相手の気持ちに配慮してきく ・批判を冷静にきく ・反応を返しながらきく	・批判しながらきく ・先を予測しながらきく ・自分のきき方を振り返りながらきく	・流れに合っているか考えながらきく ・根拠の信頼性を考えながらきく ・論の展開や着地点を考えながらきく
うみだす	・相手の意見を尊重してきく ・合意や新たな価値を求めてきく	・自分の意見をまとめながらきく	・他の情報や自分の考えなどとを関連付けてきく

2 ねらい

(1) 友達が話す言葉を集中してきき，話の内容を捉えながら，友達の考えを理解し，共有している。　　　　　　　（第1学年及び第2学年A(1)エ）
(2) 互いの話に関心を持ち，友達の発言を受けて話をつないでいる。
　　　　　　　　　　　　　　　　　　　　　（第1学年及び第2学年A(1)オ）

　新学習指導要領解説国語編では，「言語感覚」の説明が前回にも増して詳細になっている。「話す・聞く」の具体的な言語活動で，どのような対話がなされているか理解したり，またなされるべきか考えたりと，言語感覚はただ認識を深めるだけでなく，一人一人の言語活動の充実を図る中で育成すべきである。「トークタイム」の中で，テーマに基づいて対話し，互いの考えを理解したり，共有したりすることはまさしく具体的な言語活動と言える。そして次ページに示す質問や確認のための「引き出し言葉」を意図的に用いて，友達と話を紡いでいく経験を積み重ねることは，本書が主張する「ひきだす」「はこぶ」といった，子どもたちの「きく」姿により一層の深みをもたらすと考える。

【引き出し言葉とその役割の表】

引き出し言葉	色	役割
〜どう思う？	赤	対話の切り口，話し合いたいことを焦点化することができる。話の流れを受けて新たな疑問点が生まれたときにも使う。
たとえば？	黄	相手の話から具体性を引き出したいときに使う。話が抽象的になり空中戦になることを防ぐ。
なんで？	青	相手の話の根拠を問いたいときに使う。この引き出し言葉に導かれて話し手も話す内容が明確になる。
〜ってこと？	紫	相手の考えを確認したいときに使う。対話場面では互いの理解したことの間に少なからず誤差が生じるが，この言葉で誤差を埋めることもできる。
ほかには？	緑	話を広げたいときに使う。視点を切り替える効果もある。
しつもん！	黒	そのときもう少し知りたいことを自分の言葉で尋ねる。例：いつそこへ出かけたの？　どこで買い物したの？　誰と遊んでいたの？　どうやって使うの？　どんなふうに考えたの？　何が一番大好きなの？　など

3　単元計画

　月に2，3回程度，不定期で朝タイムに実施する，「帯単元」としてこの実践を運営してきた。よって単元計画は省略する。

4　指導の実際

(1)　導入：本時のテーマをつかみトークタイムの準備をする（2分）

　3人一組のグループをつくる。本学級は27名で，9グループである。机の配置は，教師の話が聞きやすく，かつモニタリングや対話のしやすい右に示す形とした。子どもたちは3人で1枚の「トークタイムカード（次頁に例と共に示す）」に日付と各自の役割，前日に意見をまとめてくるよう指示しておいたテーマを，それぞれ書き込む。低学年でも，慣れてくると朝タイムが始まるまでに準備ができるようになる。導入では，教師はテーマと各グループの役割の確認を行う。

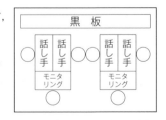

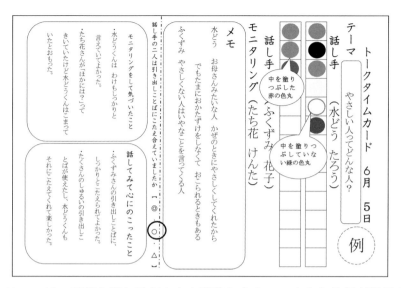

なおテーマは，可能な限り子どもから募集したものの中から教師が提示する。

(2) 展開：モニタリングを交えてトークタイムを行う（3分）

　2人の話し手がテーマに沿って対話し，1人がその様子をモニタリングする。話し手は色分けされた「引き出し言葉」を使い相手の考えを聞き，互いの考えの共有を図る。モニタリング役は使われた「引き出し言葉」を聞き取り，対応する色を話し手ごとに四角の枠に記録する。さらに，「引き出し言葉」によって相手から考えを引き出せたかも同時に見とる。使われた引き出し言葉に対し適切なやり取りで応じることができた場合，色丸の中を塗りつぶす。子どもたちには，丸の数という量的な充実よりも，相手の引き出し言葉に応えて色丸を塗りつぶせるように，という質的な充実を目指すよう声をかける。

　以下に実際の「トークタイム」のプロトコルを示す。テーマは「やさしい人ってどんな人？」である。テーマ設定は，対話の内容に大きく影響する。これまで「好きなキャラクター」「保育所や幼稚園の思い出」「夏休みにしたいこと」などのテーマで話し合ってきた。実際の対話の内容から，子どもたちがどのように「訊いて」いるか，「応じて」いるか見ていくこととする。なお，プロトコルにおける下線は「引き出し言葉」を表している。

【テーマ：やさしい人ってどんな人？】

番号	話者	対話の内容（A・B：話し手　C：モニタリング）
1	A	ぼくはええっと，いっつも遊んでくれる人が優しい人。
②	B	なんで？
③	A	だってお兄ちゃんが意地悪なのは，毎日遊ぼうっていってるのに全然遊んでくれないの〜。だからいややねん。
④	B	じゃ遊んでくれないから遊んでくれる人が優しいってこと？
5	A	だってお兄ちゃんに対しては……。
6	B	例えば？
7	A	例えば……どういう人がいいとかって？
8	B	どういう人が優しい？
9	A	えっとだからお兄ちゃんじゃなくてもっと遊んでくれる，もっと優しい……。
10	C	お兄ちゃん？
11	A	お兄ちゃんがいい。お兄ちゃんはテレビずっとお家で見てるからそれをやめて遊んでほしいってこと！
⑫	C	その優しい人はお兄ちゃんよりもレベルが違うってこと？
⑬	A	もちろん！
14	C	C（対話に）入ろうか？　優しい人か〜やっぱり〜う〜ん……勉強教えてくれる人かな！　先生みたいに！
15	B	なんで？
16	C	えっと勉強教えてくれたら頭に入って賢くなれるから！　大人になったら！
17	B	他にはない？
18	C	他には……ほめてくれる人！
19	B	なんで？
20	C	えっと，ほめてもらったらうれしいから！
㉑	B	じゃあCさんは，うれしくしてくれる人が優しい人やと思うってこと？
㉒	C	はい！　そうです。その通りです。

【対話の事実】
　①対話全体でAとB，AとC，BとCの二者間での対話がなされている。
　②四角囲いの番号では「なんで？」と理由を問う対話がなされている。
　③ひし形囲いの番号では「〜ってこと？」と確認の対話がなされている。
　④網掛けの部分では合意形成を図るための問い直しがなされている。

【事実の解釈】
　①からは，互いの話に応じる形で，二者間での対話が楽しい雰囲気の中で展開されていることがわかる。Cは本来モニタリングの役割ではあるが，トークタイムの内容に没頭するあまり対話に加わっている。慣れてくるとこのような役割の混同は減少するが，低学年ならではの子どもの姿である。

　②③からは，3人の子どもたちが巧みに「引き出し言葉」を用いて「訊いて」いることがわかる。「なんで？」という問いや「〜ってこと？」という問いにしっかりと応じながら対話を進める子どもたちの姿の表れがある。

　④からは，「〜ってこと？」という「引き出し言葉」を生かし，子ども同士が互いの理解のずれを解消させながら合意形成を図っていく姿が見られた。注目したのは7番Aの「例えば……どういう人がいいとかって？」という問い直しである。この直前のBの「例えば？」という問いは，質問の意図が不明瞭である。何に対して具体的に聞きたいのか，筆者にも意図が読み取れなかった。そこでAはすかさず「例えば……どういう人がいいとかって？」と，自身の理解を相手に確認する形で，Bに質問の意図を問い直した。それに応じてBは「どういう人が優しい？」と，問いの言葉を修正し，それに対しAがまた応じている。つまりAは「訊く」ことで合意を形成しているのである。

(3) **まとめ・振り返り：カードの記録を基に対話を振り返る（5分）**

　対話後，モニタリングを行った児童を中心に話し合った内容や話し方，聞き方について振り返る。ここでは「引き出し言葉に答えられていたか」「モニタリングをして気付いたこと」「話してみて心に残ったこと」が話し合われる。教師がトークタイムの様子を観察し，クラス全体に紹介し考えさせたい学習者の姿があれば，実際に話し合った子どもたちの実感も交えながら共

有する。

5 評価と考察

(1) 評価

　「トークタイム」実践における評価の手段としては，対話の様子の観察，トークタイムカードの記述分析，ＩＣレコーダーに記録された音声の分析の三つが挙げられる。中でも中心になるのはトークタイムカードの記述分析である。対話の様子の観察は，振り返りで子どもたちに教師が行うフィードバックのためにも即時的な評価となる。ＩＣレコーダーに記録された音声の分析は，蓄積していくことで子どもの変容を長い期間で見ていくことができる。

　重点的に行っていくトークタイムカードの評価については，視点が二つある。まずモニタリングの子どもが記録した色丸である。ここでは量的な評価はもとより，「同じ色の丸が連続していないか」「塗りつぶされていない色丸がないか」に着目し質的な評価も行う。つまり引き出し言葉をバランスよく使って相手の考えを「訊いて」いる子どもの姿や，相手の問いに対して「応じて」いる子どもの姿を評価し，価値付けていきたいのである。当然，不十分な場合はそのグループの子どもたちに意識的に声かけを行い修正を図る。

　もう一つの視点は，トークタイムカード左側の記述である。ここの記述から，対話全体を俯瞰して捉えるような思考，「メタ対話意識」の芽生えを見とっていく。2人の話し手が対話をしてみた実感と，モニタリングの感想を記述しすり合わせていく中で，「メタ対話意識」は育まれる。「お互いがバランスよく話すために引き出し言葉を2人とも使えていた。」「何で何でと，同じ質問ばかりだと話していて困る。」などの記述は，「メタ対話意識」の表れだと捉えることができる。このような記述はできる限り，クラス全体で共有する。そうすることで，徐々にクラス全体の「メタ対話意識」も高まる。また，トークタイムカードに記述しながらモニタリングをすることで，次に話し手となったときに少しずつだが「メタ対話意識」を働かせて対話をするこ

とができるようになる。

(2) **考察**

　4歳の姪っ子に「<u>なんで</u>蝶が好きなの？」と問う。「<u>だってね～</u>，ひらひらしてかわいいから。」と，自然と理由を答える言葉が返ってくる。小学校低学年であっても，既に子どもたちは「問われれば返せる」力を持っていると考えられる。子どもたちは無自覚に言葉を使用するが，「トークタイム」ではその無自覚に働きかけ，自覚的な学びへとシフトチェンジを促す。無自覚から自覚へというアプローチは，子どもにとって必要な学びの過程である。

　今後の課題は，引き出し言葉の精選と構造化である。「～どう思う」という言葉だけでも，対話の糸口としての「どう思う」，対話を焦点化するための〇〇について「どう思う」，自分の考えに対する相手の評価を知るための「どう思う」，とその役割は多様である。その点で，「引き出し言葉」を子どもの姿から選び直したり，順序性を明らかにしたりしていきたい。また，モニタリングを行った子どもにどのような「メタ対話意識」の育ちがあったのか，記述の質的な変容を長期的に見とることにも取り組んできたい。

　　　　　　　　　　　　　　　　　　　　　　　　　　　（友永　達也）

実践についてのコメント

　友永実践の興味深さは，役割のルール化という課題を残しつつ，「引き出し言葉」という手立てをはじめとして多様な指導法を用いて対話能力を高めようとしていることにある。

　具体的には聞き取った内容を確かめるための「～ということ」，話し手の発言を引き出す「例えば」などの「引き出し言葉」の使用の有無を「視覚化」し，「きく」を軸とした「対話」へと導いている。

　一方，モニタリングを含めた3人一組の学習形態，話しやすい話題の選定，量と質で示す具体的な相互評価の視点，学習者の評価を補う教師評価による次時への導きという考え抜かれた指導法を見いだすことができる。

　　　　　　　　　　　　　　　　　　　　　　　　　（宝代地　まり子）

10 はこぶ スピーチとフリートークから「きく」を捉える

小学6年　単元名：ラストスピーチを楽しもう

1 単元設定の理由

　持ち上がりの6年生である。5年生のときから継続してスピーチに取り組んできた。毎日2人ずつ，設定したテーマに沿って，スピーチメモを用意して1分ほど話す形である。続けることで，児童のスピーチ力は確実に上がってきたと実感した。当初は苦労していたメモ作成についても，ほとんどの児童があまり負担を感じずにできるようになってきた。準備をして自分の思いや考えを話す力は概ね付いてきたと捉える。

　一方，話し合い活動や座談会など，その場に応じて意見交換をする学習や「きく」に関わる学習は十分とは言えない。友達のスピーチを聞くことは繰り返しているが，児童は「きく」を学習として意識はしていないだろう。そこで，小学校卒業を目前とした時期「ラストスピーチを楽しもう」として小学校生活を振り返ってスピーチをする単元を計画した。単元名は「スピーチ」であるが，単元の焦点は，友達のスピーチを聞いて意見交換をする活動である。「スピーチをきく」「フリートークをする」という活動を通して，「きく」ことを意識した単元にしたいと考えた。児童が聞いていることや聞き方が見とりやすいように，諺を核にしたスピーチをすることにした。ただ漫然と聞いて感想を持つのではなく，スピーチ内容と諺の結び付きの強さを感じたり，その諺から自分の小学校生活のエピソードを思いついたりしやすくなり，意見交換会の展開が感想だけにとどまらずに広がっていけるのではないかと予想したからである。教材の「今，私は，ぼくは」（光村図書6年）は，内容を捉える程度の扱いにした。

〈能力表との対応〉

機能／三要素	情意	技能	認知
つかむ	・興味を持って最後まできく ・納得するまできく	・話題を捉えてきく ・順序や話の中心を捉えてきく ・メモをとりながらきく ・事実と意見，発言の異同を区別してきく	・きいてわかったことに気付く ・必要な情報を選んできく
ひきだす	・知りたいことをきく ・目的を自覚してきく	・わからないことや疑問をきく ・話し手の立場や意図を考えながらきく	・相手の言いたいことを予想しながらきく
はこぶ	・相手の気持ちに配慮してきく ・批判を冷静にきく ・反応を返しながらきく	・批判しながらきく ・先を予測しながらきく ・自分のきき方を振り返りながらきく	・流れに合っているか考えながらきく ・根拠の信頼性を考えながらきく ・論の展開や着地点を考えながらきく
うみだす	・相手の意見を尊重してきく ・合意や新たな価値を求めてきく	・自分の意見をまとめながらきく	・他の情報や自分の考えなどとを関連付けてきく

2 ねらい

(1) 話し手の思いや諺の意味，自分がきこうとする意図に応じて話の内容を捉え，話し手の考えと比較しながら自分の考えをまとめる。

(第5学年及び第6学年A(1)エ)

(2) 互いの立場や意図を明確にして意見交換をし，具体的な事柄を基に考えを広げたりまとめたりする。　　　(第5学年及び第6学年A(1)オ)

スピーチをきく学習活動とフリートーキングで，能力表の「情意・認知のはこぶ」力が磨かれることをねらいとした。

3 単元計画　全7時間

次	時	主な学習活動	手立て・評価
1次	1	・諺リストで様々な諺に触れる。 ・諺と結び付けてスピーチをする内容を決める。	諺リストの配布

	2	・スピーチマップをつくる。 ・スピーチメモをつくる。	・（話）適切に内容を組み立て，印象深く伝わるように話し方を工夫して，スピーチメモをつくっている。
	3	・スピーチの練習をする。	・（話）聞く人に伝わりやすいスピーチを意識して練習する。
2次	4 5 6 7	・グループでスピーチを聞き，そのスピーチについて意見交換をする。 8班を2班ずつ4グループにして実施（1班は4，5人） ┌──────────────────────┐ │A班の1人がスピーチ　1人が司会をする。他はオーディエンス（フリートークを聞く）。B班は，全員がフリートークに参加する。│ └──────────────────────┘ ※これをA，B班の合計人数分繰り返す。 ・学習のまとめをする。	2部屋に分かれて実施 ・（聞）話し手の思いや諺の意味，自分が聞こうとする意図に応じて話の内容を捉え，考えを比較しながらきき，自分の意見をまとめている。 ・（聞）話す人の思いを組み取り，互いの立場や意図を明確にしながら意見交換をしている。

4　指導の実際

(1) 導入：諺と経験を重ねた題材からスピーチをきく（5分）
(2) 展開：スピーチを発表し，フリートークを行う（10分ほど）

　フリートークは，意図的な指導としては初めてだったので，進め方の手順や気を付けることをプリントにして配布した。しかし，実際にやってみると，児童は「うまくいかない」と感じていた。指名されて順番に感想を言うだけで終わるグループもあった。そこで，上手に進行できる方法を話し合う時間をとった。（児童に対しては，「きく」に焦点を当てた授業だとは伝えなかった。捉えが難しくなってしまい，混乱すると判断したからである。）

〈フリートークのコツ〉
（児童が話し合った結果）

```
①司会者に指名される前に発言する。
②話に詰まったら話題を変える。
③質問をする。
④言葉遣いは少々ラフな方がよい。
⑤あいづちを打つ。
```

以下，比較的活発に進んだフリートークのプロトコルを示す。
（右は，「きく」に主眼を置いて，能力表との関係を考えた指導者の振り返り）

○フリートーク参加者
　M（スピーチ）　T（司会）
　Y, I, K, N, H

> 吹き出し内は，学習後にこのプロトコルを見せて，H女からフリートーク中に思っていたことを聞き取った内容。指導者はH女の聞く力について高評価をしていなかったが，プロトコルを見直して評価を変え，聞き取りを行うことにした。

スピーチ：M　　司会：T
Mのスピーチ

▲は，評価が低い発言

「光陰矢の如し」小学校生活を振り返って，特に6年生としての1年間は時間がたつのがとてもはやく感じられた。

> 最初に何か言った方がみんな話しやすいと思ったから，一番に言うようにしていた。

H1：なんか，月日が早くたつってMさんだけでなくてみんなそう思っていると思う。〈コツ①④〉

I1：それは言える。〈コツ⑤〉

T1：ゲームしているときとかね。

I2：それは言える。（N：ゲームそうだよね。）〈コツ⑤〉

Y1：短く感じるときって，なんか楽しいときとかでさ，楽しいってことだよね。

H2：中学3年生になってもまた，絶対思うよ。

K1：残り何日かと思うと早いと思うよね。（うん，うん）

I3：学校生活じゃなくても，他にもいろいろ言えるんじゃない？　勉強とかでも……ゲームとかやってて，あとでやるよ〜とかお母さんに言ってて，やってたら，あ，やべ，もうご飯の時間だとかあるじゃん。（あるよねぇ）（そうそうそう）〈コツ⑤〉

K2：「時計の時間と心の時間」（注：国語の教材名）でやったじゃん。……違うように感じるんだよね。

⇒スピーチから自分が感じたことを皆も感じていると予想して発言。 つかむ

⇒Iは，「それは言える。」と繰り返し賛成することで「聞いているよ。同感だよ。」と場を盛り上げている。 つかむ

⇒スピーチとトークの両方を聞いて感じたことを言っている。 ひきだす

⇒スピーチの内容を広げて自分の考えを言っている。 つかむ

⇒対象を広げることで，話題を広げている。 はこぶ

> ここで国語の授業でやったことを言えるのが，Kさんすごいよね。私は思っていたけど言えなかった。

⇒ はこぶ

N1：勉強は長く感じて，ゲームは早く感じるよね。（1時間が10分に……ゲームは…勉強は……つぶやき）▲	⇒スピーチの内容とはずれてはきているが，自分の感じたことを話している。
H3：1年生のときは，学校早く終わらないかなぁとずっと思ったけど，今はもうこんなんなっちゃったと思うもんね。（他の児童のつぶやき）	⇒話題をゲームからもとに戻そうとしている？ はこぶ
（中略）	（幼稚園，保育園時代の思い出）
H4：幼稚園を卒園するときは，別にあんまりなんとも思わなかったよね。ああ卒園かって感じで。	⇒幼稚園と今を比較。それぞれが自分の思いを持ち，話をしている。 はこぶ
I5：おれ保育園なんだけど，保育園の時間はほんとものすごく長かった。（笑い）	⇒ つかむ
H5：年齢で思うことって違うよねぇ。	⇒話をまとめている。 うみだす
Y3：幼稚園のときは心が幼かったから卒園とか聞いてもね，卒園かぁってだけだよね。	⇒幼稚園のときとの違いを意味付けている。（Hの発言を受けている。） ひきだす
T3：あそ……みたいね。次小学生だって感じ。	⇒自分の思いを素直に言葉に。 つかむ
K3：今はそんな軽い感じじゃない。	⇒ はこぶ
H6：幼稚園のときは，もうすぐ小学生だ，やった〜って嬉しかったけど，（I：あ，そそ）今はなんかやだって思う。（そうそう，さびしい。勉強大変そうとか。）	⇒K3の発言を詳しく言う。あいづちや感想が入る。Hは，それらを聞きながらも発言を続ける。 ひきだす つかむ
I6：保育園のときは，あんまり勉強しないから，あ，やった小学校だって思うけど，中学校はやだな。ほんと勉強がものすごく難しくなるじゃん。（あいづち）	
K4：家に来るチャレンジの中学を体験してみてくださいみたいなやつが，めちゃ難しい感じじゃん。（あ〜あ〜）	I6の「中学校の勉強」からの思いつき
I7：あ，おれあれ一日で終わらせたよ！　あのあれ1年のときテキストくるじゃん。▲	⇒K4のズレを受けてしまっている。
K5：え，あれ？　がちで？▲	
I8：国語と算数のやつ。▲	⇒Kが話題にしたことの取り違え（中学に向けてのチャレンジ教材を小学校1年生時のものと勘違いして展開）
N：3年から理科と社会も……。▲	
H7：（話がずれてきてる）つぶやき はこぶ	
N4：1，2年は……。	
I：1日で1冊……。（チャレンジについての話）	

> チャレンジとか，なんか違う話になっていっちゃって，司会の人も何も言わないしって思った。 はこぶ

H8：ねぇ，めっちゃ話ずれてきてる。
T4：Mさんのスピーチは……。
　　（ガヤガヤとした雑談がなくなる。）
I9：1年ごとの区切りと全体で考えるとなんか違うよね。（あ～）1年ごとで区切った方がちょっと長く感じる。
Y4：後半の方が，楽しくなってきた。（そうそう）
H9：5年のときは6年生になるのは嫌だと思ったけど，6年生になってよかったって感じ。〈コツ②〉
K6：学校の責任とか大変。でも楽しかった。
N5：小学校生活でこういう感じだったじゃん。中学は3年間だけだから，もっと短いわけだよね。中学までは友達も結構一緒だけど，高校になると違っちゃうし。
Y5：スピーチを考えるとき，光陰矢の如しにしようか迷ったもん。〈コツ②〉
H10：みんな同じように思っているんだよね。
H11：高校になったら，またこんな友達とかできてよかったって思っているのかな。
I10：中学はもっと早く感じるかもね。受験とかあるし。
M：お母さんが言ってた。小学校も早く感じたけど，高校の方がもっと早く思ったって。
K7：そろそろまとめた方がいいんじゃない？
T5：（司会）え～と……。
I11：つまりさ……（とりとめもないまとめになる。）
H12：まとめるなら，一言でまとめないとわからないよ。
K8：人によって感じ方は違うね。でも6年間って長いようだけど，楽しいことは一瞬のように感じるってことをみんな感じていたんだよね。

⇒修正の試み。T（司会）が方向修正しようとする。 はこぶ
⇒Iが，時間の感覚について話題を戻そうとする。 はこぶ
⇒Y4の発言で話題が戻る。 つかむ
⇒Y4を受けて展開している。 ひきだす
H9への共感 はこぶ
⇒ ひきだす
　話題を広げている。〈コツ②〉

⇒スピーチに関することに戻ってきている。 ひきだす
⇒まとめを意識。 つかむ
⇒ ひきだす

⇒ はこぶ

⇒中学校や高校についての予想を聞いていて，母の言葉を伝えることで確かな話にしようとしている。 ひきだす

> Iの言っていることが全然わからなくて，まとめなら短くした方がいいと思った。でも，自分はなんて言っていいかわからなかったから，Kさんが言ってくれて助かったと思った。 うみだす

今までの意見交換の中から繰り返し言われたことを中心にまとめる。 うみだす

(3)　まとめ・振り返り：フリートークについての振り返りを記述（5分）
※1時間の中で，(1)から(3)を2回繰り返す。

5 評価と考察

(1) 評価

　「きく」学習は，活動として表現されないので，児童の発言から予想される「きく」機能を能力表に照らし合わせてみる形で児童の「きく」力を考えた。H児は，四つの機能に関わる発言を全て行っている。H児は，今までの話し合い活動において特に目立つ児童ではなかった。しかし，フリートークの様子を見て，熱心に友達の発言をきいていること，話の流れがそれることを気にしていることに気付き，プロトコルを見せながらそのときに思っていたことを聞き取った。発言としては出ていない「きく」が見えてきた。能力表，H児の発言，すると聞き取りを合わせることで，H児が，フリートークの中で重要な存在となっていたことを再認識した。

　「きく」力が不十分な児童は，「つかむ」に関わる発言が多く，考えたり生み出したりする力の不足を見とることができる。話題がそれていることに気付かないことも多い。一方，K児のように引き出したり生み出したりする力は持っていても，話題からそれてしまう児童もいる。K児は，発言量の割には「つかむ」が少ない。自分の思いに偏った聞き方が多いのだろうと考えられる。K児に「友達の言うことを共感的に聞き，話の流れを意識して発言する」という課題を提示して指導すると，成果が期待できるのではないだろうか。

(2) 考察

　小学校6年生の話し合いでは，「はこぶ」の中でも，特に「認知　流れに合っているか考えながらきく」が大変重要だと考える。その上に立った，「うみだす」を目標としたきき方が理想である。「つかむ・はこぶ」を土台として，きいたことを基に自分で考えたり話し合いをまとめたりする力が伸びていくだろう。能力表の全てを意識しながら，小学校低学年では，「つかむ・ひきだす」を，高学年では「はこぶ・うみだす」を中心に指導していき

たい。
　プロトコルを起こし，能力表を使って分析していくことで，「聞く・話す」について客観的に捉えられたが，普段行っている授業においてこの作業は大きな負担である。授業中のメモ程度で見とることができれば，個別対応指導も重ねられる。能力表から，付けたい力をはっきりさせて，焦点化した授業展開をしたいものである。

（下田　聡子）

実践についてのコメント

　この実践では，諺を核とした課題設定や，フリートークを活発化させるための話し合いなど，「きく」を育てるための多くの仕掛けがある。
　下田氏は，フリートークに意欲的に取り組めるよう授業を構築し，発言と能力表を照らし合わせ，児童の「きく」力を明らかにした。発言を「きく」「ひきだす」「はこぶ」「うみだす」に分類すると，よくきいているH児は，四つの機能全てに関わる発言をしたことがわかった。
　また，自由に話し合うときには，論がずれないことが大切である。実践においては，「時間の感覚の話」から「通信教育の話」にずれたとき，「はこぶ」発言（プロトコルH8，T4，I9）によって修正できた事例が述べられている。お互いの意見をきき合うことによって，「はこぶ」「生み出す」ことができたのである。

（矢野　薫）

はこぶ 11 メタ対話意識を育む
中学1年　単元名：メモカード・プレゼンテーションで伝えよう

1　単元設定の理由

　話の内容や相手の考えを理解するだけでなく，訊いて話を引き出したり，聞き手の問いに答えようとして，相手も考えを鮮明にしたり深めたりしていけるような聞き手を育てたい。カウンセリングやコーチングで「アクティブ・リスニング（積極的傾聴）」と言われるものに近い。こうした聞き手の存在は，既に相手が考えたことを聞いて理解するだけでなく，まだ言葉にならず，思ってもいなかったアイデアをその場でつくり出す協働的な対話の場を生み出し，まさに協働的に課題を解決していくことにつながるのではないか。
　こうした聞き手を育てるカギの一つが，「メタ対話能力」だと考える。話し合う自他の様子や話し合いの方向・展開などを俯瞰して眺める力である。では，自分の言語行為・言語活動に対するメタ認知はどのように育てていけるのだろう。一つは達成すべき目標をしっかり捉えさせることであろう。「何のために○○するのか（目的）」「何が達成されればよいか（目標）」に自覚的になることなしに俯瞰する目は育たない。一方，実際に言語活動を展開していく上では，少なくとも次の三つのアプローチがある。
　　ア　自己の言語行動を振り返る。
　　イ　他者の言語行動を意識的に見て評価・批評する。
　　ウ　学習活動そのものに仕掛けをして学習中のメタ認知を引き出す。
　ここではイを取り上げる。メモカード・プレゼンテーション（以下メモカード・プレゼンと略す）を行うに当たって聞き手に役割を与えることで，他者の言語行動への積極的な傾聴を促すのである。

〈能力表との対応〉

機能／三要素	情意	技能	認知
つかむ	・興味を持って最後まできく ・納得するまできく	・話題を捉えてきく ・順序や話の中心を捉えてきく ・メモをとりながらきく ・事実と意見，発言の異同を区別してきく	・きいてわかったことに気付く ・必要な情報を選んできく
ひきだす	・知りたいことをきく ・目的を自覚してきく	・わからないことや疑問をきく ・話し手の立場や意図を考えながらきく	・相手の言いたいことを予想しながらきく
はこぶ	・相手の気持ちに配慮してきく ・批判を冷静にきく ・反応を返しながらきく	・批判しながらきく ・先を予測しながらきく ・自分のきき方を振り返りながらきく	・流れに合っているか考えながらきく ・根拠の信頼性を考えながらきく ・論の展開や着地点を考えながらきく
うみだす	・相手の意見を尊重してきく ・合意や新たな価値を求めてきく	・自分の意見をまとめながらきく	・他の情報や自分の考えなどとを関連付けてきく

2 ねらい

(1) 身近な日常生活から話題を選び，材料を整理して目的に沿った説明や紹介を行う。　　　　　　　　　　　　　　　　（第1学年A(1)ア）
(2) 話の内容や話し方について質問や感想をして理解を深めたり，よさに学び合ったりする。　　　　　　　　　　　（第1学年A(1)エ）

※(1)はメモカード・プレゼンで話すことに対するねらいであり，(2)が「聞く力」の指導に関するねらいである。

3 単元計画　全2時間

時	主な学習活動	手立て・評価
1	学習のねらいや活動をつかむ。 メモカード・プレゼンのやり方 ・モデル提示（教師による実演） ・カードづくりのポイント説明 話題を決めてカードをつくる。	・スライドでメモカード・プレゼンをやってみせて，モデルを提示する。 ・見出しの書き方やトランジットなど指導する。

	◎「私のお気に入り」 「マイブーム」等のテーマで。	・テーマを設定して話題や題材を考えさせる。
2	グループでメモカード・プレゼンを行い，役割に従って質問や感想を話し合う。 ・学習目標と役割分担の確認 ・メモカード・プレゼン（4回） ［役割］司会，プレゼンター 　　　　　コメンテーター1 　　　　　コメンテーター2 ［進行］ ①司会挨拶とプレゼンター紹介 ②メモカード・プレゼン ③コメント1，コメント2 ④自由交流と振り返りメモ	・プレゼンの順番を決めて，メモカード・プレゼンを実施する。 ・役割を示すアイコン（画用紙等で作成してもよい）を用意すると，役割も明確になり，やる気も引き出せる。 〈評価〉 ・話材をスライドに整理してわかりやすく説明・紹介できたか。 ・役割に応じて質問したり感想を言えたか。

4　指導の実際

(1)　導入：メモカード・プレゼンテーションについて知る（10分）

① メモカード・プレゼンテーションとは

　「メモカード・プレゼンテーション」は，プリブル・チャールズ，坂本正裕（2004）*による，原稿をつくらない即興スタイルのプレゼンテーションの考え方やそのためのノートカードのつくり方にヒントを得つつメモカード自体を見せて練習的プレゼンテーションとして行う発表法である。

　プレゼンテーションというとすぐにＰＣとプロジェクターでスライドを投影しながら話すスタイルが思い浮かぶが，ある内容についてスピーチするために手元に用意したメモカード（話の要点や内容項目だけ書いたメモ）を，まるで手書きのスライドのように聞き手にも見せながら話すから「メモカード・プレゼンテーション」なのである。1枚のカードはＡ5・Ｂ5・Ａ4程度のサイズで十分である。ＰＣやプロジェクターを使ったプレゼンは準備も

大がかりになるが，これは手書きなので，様々な場面（例えば読みの学習の
グループの話し合い場面等）で応用可能である。
② メモカード作成のポイント

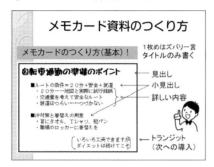

【カード作成の要領】
ア　5枚程度のメモカード（白紙）を配布。
イ　話したいことの項目立てを考え1件ごと
　　の内容を大項目として最上段に書き出す。
ウ　それぞれの大項目の中で話したいことを
　　2〜3程度まで，小項目として書き出す。
エ　必要に応じて小項目の内容やキーワード
　　をメモする。

図　メモカードのつくり方

　まず教師が実際にスライドを写しながら実演してみせ，その上で，やり方
のポイントとスライドのつくり方のポイントを，教師のスライドを例に説明
した。主な指導のポイントは次の通りである。

［準備の進め方］
◎話題を決めて材料を考えながら，メモカードにメモしていく。このメモを
　後で清書すると，プレゼン用の資料になる。
○話したい内容をカード1枚に一つ「見出し」の位置に書いていく。そして，
　その見出しについて話したいことを2〜3考え，小見出しの形で書き出す。
○1枚のカードには，見出しや小見出しの他，具体的な内容を書き込んでよ
　いが，原稿の形でなく，箇条書きで書くのみとする。
(2)　展開：メモカード・プレゼンテーションを行う（第2時）
①　役割分担
　準備ができたら，4人一組程度の小グループをつくり，話す順を決めてメ
モカード・プレゼンを行う。このとき，次の役割をローテーションする。
　　ア　プレゼンター：プレゼンテーションを行う人。
　　イ　司会：進行役。各回のプレゼンを進行し，必要に応じて質問や感想な
　　　　　　　どを述べて，コメンテーターを補う。

ウ　コメンテーター１：主に「話の内容」について質問したり，感想を述べたりする。
　エ　コメンテーター２：主に「話の展開の仕方」や「資料のつくり方」について意図を尋ねたり，どういう点でよかったかなどの講評をしたりする。

　このとき，ウやエの役割を聞き手に与えることで，話の内容や話し手に積極的に関わって話を引き出す聞き手になることを意識的に目指すよう働きかけた。授業の冒頭で役割分担を示す際には，「積極的に話を引き出す聞き手になれたか」が，学習の振り返りにおける自己評価のポイントになることも話して臨ませた。

② メモカード・プレゼンの実際の例　　＊下線はカードを見ている。

〈メモカードの例〉

O女1：え～「テニスのここが面白い」です。(カードを揺らして)テニスは面白いんです！
K女(司会)2：はい，わかりましたぁ。では早速お願いします。
O女3：〔カードをめくる〕それで，あの，テニスはスポーツなんですけど，あーの，なんか足が速いとかコントロールがすごいとかそういうんじゃなくて，頭脳戦なんです。頭で考える。
S男4：頭で？．
O女5：そう。それで，強い人からでもコース次第で走らせて追いつかなけりゃ(カードを揺らしながら)ポイントが取れるんです。
O女6：〔カードをめくる〕あと，ダブルスは協力プレーが大事です。なんか自分の動きじゃなくて，ペアの動きを考えるんです。図形が得意な人はいいと思います。
　　　(てのひらで聞き手を誘いながら)やってみてくださいね。で，ペアの動きを想像して，ペアがこっち行ったから，自分もあっち行くみたいな。そういうことができます。
O女7：〔カードをめくる〕あと，(カードを揺らしながら)何と言ってもここですね。エース，取ったとき～(S男：あ～)ズバッといって，

~エースをとったとき~
● エースをとると、スカッとする!!
　きもちイイ!!やった!!
● ラケットにあたるかんじがいい!!
　ホントにあたるときもちいい!!
● サービスエースが一番いい!!
　一番むずかしいけれど、達成感がある

~おわりに~
テニスは、楽しくて、きもちがいいスポーツだと思う。
おもいっきりやってきめた時は、とてもスカッとするし、
ダブルスは自分の仲間がいるのでとても心強いし、
失敗しても、ドンマイとか、声をかけられるのが
楽しいところです。
ぜひテニスをやってみてはどうですか。
聞いてくれて、ありがとうございました。
●● (生徒名が書かれていた)

すごいスカッとするから、いいと思います。あとラケットに当たる感じがバシッとなります（T女：ばしっ。S男：ああ〜）

O女8：〔カードをめくる〕終わりに、テニスは楽しくて気持ちがいいスポーツなんです。だから、思いっきりやって決めたとき<u>スカッとするし〜</u>、ダブルスだったら、やっぱ仲間がいるだけで〜、心強いと思えるから、あの、<u>声かけ合ったりもできるし</u>、楽しいです。<u>なので、</u>テニスやってみてください。聞いてくれてありがとうございました。

K女（司会）9：いやあ、熱意が伝わりましたね。
T女（コ2）10：伝わりましたねぇ。（笑い）
K女（司）11：もう最後の、ああ最初の「テニスは楽しいんです！」って、すごくよくわかった気がします……。
T女（コ2）12：えっとね、このね、バシッとね、バシッとってところなんて、まさにバシッとだった！（笑い）
S男（コ1）13：ま、やっぱり、やっぱり自分がやってて感じたこととかを、まとめて話してたのがとてもよかったと思いました。（おお〜）
K女（司）14：あたしの、お父さんがね、中学、高校の頃まで、テニスやってたんだよ。
S男（コ1）15：ぼくもテニスやってるから、頭脳戦とかそういうのがよくわかったよ。
K女（司）16：熱意が冷めない感じですが、では質問とか、コメントお願いします。
S男（コ1）17：えっと、で、ぼくも頭脳戦ってわかる気がするんですけど、えっと最初の方だったかな、前衛は読みがなんとかって書いてたけど、前衛の話してなかったよね？
O女18：ええ〜あ〜これだ（2枚目を示す）、飛ばしちゃいました。えっと後ろも頭脳戦だけど、前は特にっていうか、後ろは結構時間あるから来たボール拾ってくみたいなとこあるでしょ（ああ）、でも前はどっちに打ってきそうか読まないとだから。
S男（コ1）19：ああ、わかるわかる。おいつかないもんね、見てからじゃ。
O女20：そ、さっきこうしたから今度はとか。なんか考えてらんないときもあるけどね。
K女（司）21：そうなんだ〜。T女は？
T女（コ2）22：う〜んと、どうしてその（メモカードをさして）<u>頭脳戦だっけ、そっから始めたの？</u>
O女23：<u>なんかさ、</u>テニスとかスポーツとかって、脚が速いのが勝つとかみんな

第2章 【能動的に「きく」ことの能力表】を生かした四つの機能別授業プラン　125

> 思ってるじゃん，てか，そうだよね。（S男：あ～）でもテニスは違うよってことで，なんか言いたかった。
> T女（コ2）24：あ～ズバリっていうか，いきなりバシッときたな～てか，言いたいこと。それよかったよね～。なんかバシッ！って感じで。（笑い）あと，「エース」んとこ，なんか実感こもってた～。（笑い）　　　　　　　　　　　　　　　　　　※以下略

5 評価と考察

(1) 評価

　評価は観察とメモの様子及び録音を聞くことで行った。「どう聞いているか」は表情などで観察できる面もあるが，内面で行われていることなので，聞き取りの途中でとったメモや，質問のやり取りなど，表現したことで行うことになる。ここでは，コメンテーターとして質問する役割を与えているので，①質問できているか，②どんな質問をしているか，を観点に録音を聞いて評価した。②については，

　　コメンテーター1：内容について質問したり感想を述べたりしている。
　　　　　　　　　→できていればBとする。
　　コメンテーター2：話の組み立てや資料の書き方の意図を質問したり，感想を述べている。→できていればA，声の大きさなどについてコメントしているだけのものはBとした。

(2) 考察

　メモカード2枚めの二つめの小項目（ダブルスの前衛は読みが大切）を飛ばしている。発表の順番が授業終了間際になって時間がなくなりかけていたために端折ったのかもしれないが，3枚めのメモカードがダブルスの話題なので，これをトランジット代わりにして次へ進めたとも考えられる。
　S男17はそこを質問で取り上げた。聞き手もメモカードを見ているからこその質問と言えよう。メモカード・プレゼンでは，話し手のプレゼンメモを聞き手が共有することで，「話の先を予想しながら聞く」姿勢が自然に生ま

れてくる可能性がある。

　T女22からのやり取りは，話の組み立て意図に関わるもので，なかなか面白い質問だ。O女が聞き手の反応を予想して話を組み立てていたことも明らかになり，T女は学習後の気付きとして，「前の人のプレゼンのよいところを真似していて，熱意が伝わった。よいところはすぐに真似すれば自然に工夫ができると思う。」など，他者へのコメントの形で参考になった点を記述した上で，「よいプレゼンのコツ――メンバーから学んだこと」として，「興味を引くものを最初に見せる。」と書いていた。

　この事例では話を振り返るやり取りの中で，聞き手からの問いかけで，双方でメモカードを見直す様子が見られた（O女18，T女22など）。スピーチの途中そのものではなく事後のやり取りではあるが，メモカードを示して話の全体を俯瞰することで，プレゼン全体を振り返っているとしたら，メモのカード化がメタ対話の意識を引き出している様子としても指摘でき，この方法の可能性を示唆しているように思われた。

（宗我部　義則）

＊プリブル・チャールズ，坂本正裕『現代プレゼンテーション正攻法』ナカニシヤ出版　2004

実践についてのコメント

　子どものプレゼンテーションに対し質問のやり取りを行うことは，普段の授業でよく行われている。本実践はそれに少し工夫を加え，誰でも聞く力を伸ばす授業が実現できるようにしている。それは「画面をカードにしていること」「カードの記載方法が，見出しと小見出し，さらに詳細は箇条書きと限定されていること」「トランジットで次を予想させる記載があること」の3点の工夫と，カードゆえに少人数で役割分担をして聞く体制がポイントである。司会とコメンテーターというようにテレビ番組風に親しみやすい役割分担がなされ，コメンテーターはコメント内容で役割が明確にされている。この工夫が聞き手の意識を「自分」から「この話を聞いている人たち」に変え，俯瞰した聞き方を引き出している。日常的に実践されている授業に少しの工夫で学習中メタ対話力を引き出すこの技を，ぜひ教室で試してほしい。

（梅津　健志）

うみだす 12 きいてほしいことを伝える・伝えたいことをきく

中学1年　単元名：私のお気に入りの本をポップで紹介しよう

1　単元設定の理由

　本校の1年生は、話すことについては発表の一通りの形式などについてある程度体得できてはいるものの、きき手を意識した話し方というレベルには十分達していない。聞くことについては、聞いた内容について論理的に思考し、それについての感想や意見を持つことを意欲的に行う生徒が多いように思われた。1学期も半ばを過ぎて、身近な生活や自分の興味を持ったものから取材してスピーチの学習に取り組むことは、「表現したい」という意欲を喚起し充足させ、自分たちの生活を見つめ直す機会としても意義深いと考えた。

　本教材の学習では、お気に入りの本のポップをつくり、それに基づいてスピーチメモをつくり、さらにそれを基にスピーチを行うという活動がある。ポップを用いて私のお気に入りの本を紹介することで、三つの効果を期待している。

　①書名、著者名、おすすめのポイントなど、お気に入りの本を紹介するための大切な要素が含まれていること。
　②スピーチをするためのスピーチメモの役割も兼ねていること。
　③スピーチをするときに、視覚的にインパクトがあること。

　また、ポップづくりを通して、要点をまとめて、「書く」という作業を積み重ねた。さらに「書く」という表現の欲求を「話す」にまで広げ、聞き手を意識し伝える喜びや楽しさを味わいながら、「話し手」「きき手」として育っていけるような学びをねらいとした。

〈能力表との対応〉

機能／三要素	情意	技能	認知
つかむ	・興味を持って最後まできく ・納得するまできく	・話題を捉えてきく ・順序や話の中心を捉えてきく ・メモをとりながらきく ・事実と意見，発言の異同を区別してきく	・きいてわかったことに気付く ・必要な情報を選んできく
ひきだす	・知りたいことをきく ・目的を自覚してきく	・わからないことや疑問をきく ・話し手の立場や意図を考えながらきく	・相手の言いたいことを予想しながらきく
はこぶ	・相手の気持ちに配慮してきく ・批判を冷静にきく ・反応を返しながらきく	・批判しながらきく ・先を予測しながらきく ・自分のきき方を振り返りながらきく	・流れに合っているか考えながらきく ・根拠の信頼性を考えながらきく ・論の展開や着地点を考えながらきく
うみだす	・相手の意見を尊重してきく ・合意や新たな価値を求めてきく	・自分の意見をまとめながらきく	・他の情報や自分の考えなどとを関連付けてきく

2 ねらい

(1) 目的や場面に応じて，日常生活の中から話題を決め，集めた材料を整理し，伝え合う内容を検討する。 （第1学年A(1)ア）
(2) 相手の反応を踏まえながら，自分の考えがわかりやすく伝わるように表現を工夫する。 （第1学年A(1)ウ）
(3) 必要に応じて記録したり質問したりしながら話の内容を捉え，共通点や相違点などを踏まえて，自分の考えをまとめる。

（第1学年A(1)エ）

話し手がポップを使って好きな本を紹介する中で，聞いてほしいことを伝える活動を行う。そして，話し手の伝えたいことを聞き取ろうとする「きき手」を育てる。自分の意見や他の情報を得ながら「きく」という活動を通して，能力表の「技能・認知の生み出す力」が磨かれることをねらいとした。

3 単元計画　全5時間

次	時	主な学習活動	手立て・評価
1次	1	・「私のお気に入りを紹介しよう―スピーチ―」「私のブックデザイン」（学校図書1年）を読む。 ・ポップのつくり方を，プリントを使って確認し，「私のお気に入りの本」について考えて候補の作品を用意する。	・教科書の内容を押さえ音読させる。 (1)目的や場面に応じて，日常生活の中から話題を決め，集めた材料を整理し，伝え合う内容を検討する。
2次	2 3 4	・「私のお気に入りの本」の候補を選び，簡単なポップのメモをつくる。 ・自分の「お気に入りの本」を選び本のポップを作成する。 ・できあがったポップを基にスピーチメモを作成する。 ・スピーチメモを基にポップを使って「好きな本」をグループで紹介し合う。	(2)相手の反応を踏まえながら自分の考えがわかりやすく伝わるように表現を工夫する。 ・「話す速さや音量」に注目させる。 ・音声の働きや仕組みについて，必要な知識を学習させる。
3次	5 （本時）	・グループ内で紹介をして，コメントを交換し合う。 ・話し合い活動から，各自のコメントマップを完成する。 ・コメントを振り返り「ベストオブコメント賞」を決める。 ・自分の考えをまとめる。 ・学習内容を振り返り，今回の学習で，スピーチについてわかったこと，関心を持ったことを文章に書く。	(3)必要に応じて記録したり質問したりしながら話の内容を捉え，共通点や相違点などを踏まえて，自分の考えをまとめる。 ・コメントを基にスピーチを振り返らせ，コメントマップを作成させる。 ・自分が一番聞いてほしかったことを聞いているコメントを選出し，望ましいきき手像を意識する。 ・今後のスピーチの学習への期待も書かせるようにする。

4　指導の実際（「きき手」を中心に）

(1) 導入：スピーチメモを基に「ポップ」を使って「好きな本」をグループで紹介し合う（20分）

　生徒たちには「聞き取りのための一覧メモ」（以下「聞き取りメモ」）と付箋を渡した。聞き取りメモには友達の紹介を聞きながらメモをするように指示した。また、付箋には、紹介と質疑のやり取りを通して受けたコメントを記し、話し手に渡すように説明した。付箋は相手に渡すものであると指導したため、生徒たちは直接付箋に書くことはせず、聞き取りメモに詳細を書く者が多くいた。付箋にはもう少し実際のやり取り（話し、きく姿）がメモされることを予想していたが、即時的な走り書きのようなメモではなく聞き取りメモを踏まえた感想のような内容が多かった。コメント＝感想を書くという解釈をした生徒が多かったのである。丁寧に紹介を聞こうとする能動的な「きく」姿の表れとも言える。今後はさらに、「きき書き」「話し書き」する技能や「速記力」、「ながらメモ」をする技能を身に付けさせたい。熱心にきくあまり手が止まってしまい、メモをとれなくなってしまう姿が多く見られた。これからはさらに同時に複数のことができるようにする力が求められる。

→ うみだす・技能「自分の意見をまとめながらきく」

(2) 展開：話し合い活動から、各自のコメントマップを完成する（20分）

・話し手がコメントを振り返り「ベストオブコメント賞」を決める。

　きき手が聞き取りメモを基に質問し、話し手はその質問を聞くことで、話し手がきき手に伝えたかったことをきき手である相手が興味を持って聞いているか、きき手が聞いてほしい内容を聞いているのか、ということを話し手が確認する学習を行いたいと考えて次のような活動につなげてみた。

> ①紹介を聞いて「きき手」が「聞き取りメモ」をとる。
> ②「きき手」は「聞き取りメモ」を基に，「話し手」に質問を行う。
> ③その内容を踏まえて「きき手」は付箋に「コメント」を書く。
> ④「きき手」は「コメント」の書かれた付箋を「話し手」に渡す。
> ⑤「話し手」は「きき手」からもらった「コメント」の書かれた付箋を使って「コメントマップ」を作成する。
> ⑥「コメントマップ」には付箋を貼り，一番よいと思われる付箋に「ベストオブコメント賞」のシールを貼る。

　きき手が話し合いの場で質問をし，その内容が聞き取りメモに書き留められ，「コメント（付箋）」にも記されたもので，話し手が選んだベストオブコメント賞と一致した例が一例だけあった。Ｃ１の発表によせたＣ２のコメントの「今まで社会系の本をあまり読んだことがなかったけれどわかりやすそうだったので読んでみようかな，とおもいました。また，私の社会についての知識の少なさに反省しました。」である。（コメントマップ，プロトコル参照）きき手としてのＣ４の生徒は，話し手である自分以外の班の生徒全員からベストオブコメント賞をもらっている（３票集めた）。中学１年生の段階では，話し手の話を聞いて，自分のききたいことをその場で質問し，聞き取りメモに残すことはとても積極的に行っていた。また，聞き取りメモを基にコメント（付箋）に相手の作品を「読んでみたい」という共感的な意見，「よかったと思います」という肯定的な意見を多くの生徒が書き記した。今後は，自分の見識を広めるようなきき手となることを目指すような働きかけが必要である。そのためには，感想をコメントとして残すだけではなく，相手の紹介をしっかりと「きく」姿勢・聞いた紹介の内容に質問を「きく」姿勢などを積極的に持ち続けることを指導していきたい。相手への「きく」姿勢次第で，さらに自らが深く「きく」ことが可能になるということがこの分析からも見えてきた。→ うみだす・認知「他の情報や自分の考えとを関連させながらきく」

【「ベストオブコメント賞」と質疑応答が一致した例】
発表者　C1　きき手　C2　C3　C4
C1：私が紹介したい本は『なぜ，どうして社会のおはなし』という本です。〜中略〜社会の仕組みを解説して，それでお金の話と政治の話と身近な生活の話と日本と世界の話の，四つに分けて…。それで，いろんな疑問をかわいい絵とわかりやすいこの文で世界の仕組みがよくわかる本です。
C1：質問，ありがとう。いいよ！
C4：質問？　その中で具体的な中身でMさんがよかったと思うことは何ですか？
C1：それは何だろう，ATMとか，銀行とか，政治の話と，内閣とか，そういう感じで，身近な生活は家電製品とか，あと，そういう感じで，日本と世界の話だと，今やっているもうちょっと…そういう感じの難しい感じです。……質問して，何でもいいから！
C2：難しい話は具体的に？　その内容。
C1：難しい話。難しい話って何だろう。難しい話は，そのなんて言うんだろう，難しい話は，株とか……。
C4：株ね，お金の方の株ね。
C1：お金の方の話です。もう少し……。もう少しで3分だから……。
C3：待って，待って，俺が質問する。日本の世界の話？　貿易とか全部ひっくるめて，歴史とかひっくるめて？
C1：歴史とかじゃないんだけど……。現代の社会問題とかそういう感じです。組織とか，あと何だろう。ユニセフの方がみんなわかると思うんだけど，ユニセフの募金とか，あと，子どもの問題だったり，とかです。
C1：何分たった？……もういいかな？……これで終わります。

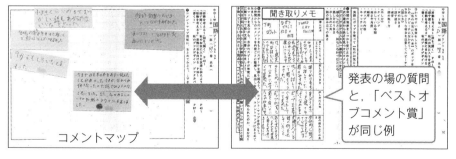

(3) まとめ・振り返り：学習内容を振り返り，今回の学習でスピーチについてわかったこと，関心を持ったことを文章に書く（10分）

5 評価と考察

(1) 評価

　「きく」こととしてメモに書かせる内容は，決して発表の場での聞いたことと一致するものとは言い切れなかった。それを評価にしてしまうには，真の「きく」ことの評価とは言えないのではないか。きき取ったことを書いたものだけで評価するのは慎重に判断する必要がある。生徒たちの中では，発表をきいて質問したいことをきくときに必要な「きく」力と，発表全体をきいて自分の中で感想や意見を考えるときにまとめたものとして出てきたコメント力は，同じものではない。今回私が目指した「きく」力とは，相手に問いかけることを考えながら発表を「きく」力のことである。ところが，全ての班で全ての生徒に対して，十分な質疑応答が成されたというわけではない。しかし，コメントマップには，肯定的な話し手への賛美の言葉が並べられていた。そこでは相手意識を持って，作品の紹介を興味深く聞こうとする姿が見られた。せっかく批判的にきくことができていたとしても，コメントを見る限りでは，受容的にきいたことのみが残っている。ベストなコメントを相手に伝えようというベストオブコメント賞という活動を行うことでかえって相手に心地よいコメントを残そうとした「きき手」の心情の現れかもしれない。何を「きき」何を書かせるのか，をしっかりと押さえた上で，評価をしていく必要がある。

(2) 考察

　生徒の振り返りの中に，「本の紹介では内容の細かさ，精密さは求められていない。むしろその逆であると思った。（中略）相手がつまらなそうにしていたら興味のわくようなことを一つ二つ言う。そうすれば，何とかスピーチの要点を聞き手の頭に叩き込める。」とあった。きき手に合わせて話す技

能については，的確な気付きがあったことがわかる。他方で，話し手としての内容や話し方についての振り返りはなされていないという課題は残った。また，最初の本の紹介よりも，質問の答えという形でさらに詳細な本の紹介をしていた生徒もいた。話し手としては充実した活動ができ始めていると思う。これからはいかに望ましいきき手像をつくることができるのかが課題である。聞き取りメモとコメント（付箋）の関連性についても指示が適切ではなかった。既習事項と思っていたが，もう少しコメントに自分の意見や疑問が反映するように事前に指導する必要があった。

　また，ビブリオバトルやブックトークを経験してきている生徒がいる中で，それらの活動との差違を明確にする必要性も感じた。

　ポップの説明からの発表ではなく，ポップを見て，質問から意見交換をしてはどうか。そうすることで「きく」ことに特化した活動を行うことができたのではないか。今後の課題である。

（菊地　圭子）

実践についてのコメント

　菊地氏の実践は，中学校3年間を見据え，「きく」ことに特化した授業を，研究の観点を明確にして段階的に積み重ねたことに大変意義がある。

　本単元では，小学校でも経験があり，取り組みやすい「本の紹介」を題材にした。また，スピーチをきく活動では，プロトコルからもわかるように活発に意見交換が行われた。生徒たちが明確な目的意識を持ってスピーチに臨み，聞き手は，それを肯定的に受け止めようとしたことがわかる。「きき合うこと」を楽しみ，聞き手も発表者も，次の学習への意欲が大いに向上したに違いない。

　質問や疑問点を聞き手の側から積極的に「きく」こと，発表者はそれに答えることで自分の考えをより確かなものにしていくことは，発達段階に応じて題材を変えながら，小学校から授業の中でねらいとして位置付け，行っていきたい学習活動である。

（竹内　里美）

うみだす 13 古文を協同で読み合い，「きく」力を高める
―中学生はどのように古文を協同で解釈していったか―

中学2年　単元名：兼好法師に学ぶ

1　単元設定の理由

　古文の読み取りの学習と関連させた聞くことの学習を紹介する。

　古文の授業は，語彙や知識が乏しい学習者の実態から，とかく教師からの一方的な説明に終始してしまいがちである。しかし，この授業では極力教師からは説明せずに，最低限のヒントのみ示し，あとは生徒たちの協同的な探究によって文意を捉え，理解することができるように授業をデザインした。そしてそのような探究的な活動を支える聞くことの力を高めることをねらった。

　本授業では徒然草を取り上げる。徒然草は，兼好法師が体験したり見聞したりしたことを基に，自らの価値観を述べているという文体に特徴がある。そこで，その兼好法師の考えを空欄にして示し，生徒が話し合いによって，それを推理していく謎解き形式の学習活動に取り組むことにした。

「謎解き教材」の例	
徒然草の原文（語注付き） 兼好法師が見聞きしたエピソードなど 結末（兼好法師の考え） →ここを空欄にし，結末に入る兼好法師の考えを，左の選択肢から選ぶ。	選択肢 ア・・・ イ・・・ ウ・・・ エ・・・

※取り上げた章段は以下の4つ。
・五十二段「仁和寺にある法師」
・九十二段「ある人，弓射ることを習ふに」
・六十八段「筑紫に，なにがしの押領使などいふやうなる者のありけるが」
・九十二段「ある人，弓射ることを習ふに」
・百二段「高名の木のぼりといひし男」

〈能力表との対応〉

機能／三要素	情意	技能	認知
つかむ	・興味を持って最後まできく ・納得するまできく	・話題を捉えてきく ・順序や話の中心を捉えてきく ・メモをとりながらきく ・事実と意見，発言の異同を区別してきく	・きいてわかったことに気付く ・必要な情報を選んできく
ひきだす	・知りたいことをきく ・目的を自覚してきく	・わからないことや疑問をきく ・話し手の立場や意図を考えながらきく	・相手の言いたいことを予想しながらきく
はこぶ	・相手の気持ちに配慮してきく ・批判を冷静にきく ・反応を返しながらきく	・批判しながらきく ・先を予測しながらきく ・自分のきき方を振り返りながらきく	・流れに合っているか考えながらきく ・根拠の信頼性を考えながらきく ・論の展開や着地点を考えながらきく
うみだす	・相手の意見を尊重してきく ・合意や新たな価値を求めてきく	・自分の意見をまとめながらきく	・他の情報や自分の考えなどとを関連付けてきく

2 ねらい

(1) 論理の展開などに注意しながら聞き，話し手の考えと比較しながら自分の考えをまとめること。　　　　　　　　（第２学年A(1)エ）

(2) 互いの立場や考えを尊重しながら話し合い，結論を導くために考えをまとめること。　　　　　　　　　　　　　（第２学年A(1)オ）

　この授業では，古文の読み取りの力以外に，聞くことの力として上記の指導事項をねらいとして焦点化し，設定している。

　謎解き形式のテキストを協同で解き合う話し合いを通して，話し合いの流れや徒然草の叙述などの「論理の展開」を掴んだり，結論を導くために，他の意見や情報と関連付けたりしながら聞くことを言語活動の中で発揮し，その力を高めていく。

3 単元計画　全3時間

時	主な学習活動	手立て・評価
1	・「徒然草」について知る。	①今までの古文の学習を振り返り，既習事項を確認する。 ②「徒然草」について知る。 ③「序段」を音読・暗唱する。 ④「仁和寺にある法師」を音読し，歴史的仮名遣い，言葉の意味を確認する。
2 (本時)	・「徒然草」をグループで解読する。	①「仁和寺にある法師」の内容を確認し，『徒然草』の随筆のパターンについて確認する。 ②「徒然草」の他の章段をジグソー学習で分担して読む。 評価：話し合いに積極的に参加し，他の人の発言と関連付けて自分の考えを深めることができた。
3	・グループで読んだ内容を他のグループに伝える。	①（前時②の続き） ②各グループで分担して読み解いた内容を，他の班のメンバーに伝える。 ③全体で，それぞれの章段の解釈を確認する。 ④「徒然草」に表れた兼好法師の考えについて，感想か意見を200字でまとめる。(宿題)

4　指導の実際

　この授業では，導入―展開―まとめという形はとらず，生徒が自分たちのペースで主体的に読み取っていく活動が中心となる。
　以下，この授業の特徴的な要素について詳述したい。

(1)　ジグソー学習による読み深め
　ほぼ初学者の中学生が古文に向かっていくことは困難な活動となることが

予想された。そこで、その負担を軽減し、意欲を持って読み進めることができるように、3～4人組で助け合いながら解釈する活動を設定した。協同での学習が他人に頼りっきりの「ただ乗り」状態にならないよう、ジグソー学習の形式で全員に役割を持たせて活動に取り組ませるようにした。

> ※ジグソー学習の進め方
> ①4人グループをつくる。
> ②A～Cの三つの章段のうち一つをグループで選んで、古文の内容を考える。
> ③グループを解散し、それぞれがばらばらになって新たなグループをつくる。
> 　（新たなグループにはA～Cの担当者が必ず1人は含まれるようにする。）
> ④お互いに自分のグループで分担して読み取った内容を教え合う。
> ⑤最初のグループに戻り、④で聞いたことを報告し合う。

(2) 中学生の話し合いからわかる、古文を協同で解釈する談話の特徴

グループは男女各2人ずつ計4人である。注釈付きの古文を、その場で読み、話し合いによって理解していった。

「筑紫に、なにがしの押領使」の読解に取り組んだグループの話し合いの様子を一部取り上げ、談話分析をしていく。

〈第六十八段「筑紫に、なにがしの押領使」あらすじ〉
　ある押領使は、健康のため万病の薬になる大根を長年食べていた。ある日押領使は暴漢に襲われるが、何者かが助けに来てくれて難を逃れる。不思議に思って正体を聞くと、侍に変身した大根が、日頃頼ってくれる恩返しに助けに来たのだった。兼好法師はそこから、深く信じ続けることの大切さを感じた。

【話し合いの様子】から、A　古文を推論する方略に関わる発言と、B　解釈を協同で深めるための発言との2つの側面から考察する。

A　古文を推論する方略に関わる発言（Y・M・Wは生徒のイニシャル）

> Y：だから誰かが出てきた系だよね？
> W：だから、全然見たことない人々だけど、戦ってくれたヒーローさん、あなた誰ですか？
> M：なるほど、出てきて戦ってくれて、追い返しちゃって、おおーすげーっーって思って
> 　（中略）
> W：長年、大根のことをこの人は頼りにしていたわけじゃん、長年大根を頼りにして、毎朝お食べになった大根たちにずっと仕えていました。
> O：仕えたって意味なのこれ？
> W：お仕えしています。
> M：どういうこと？

```
W：だから，精霊とかそういうノリっていうことじゃないの？
M：大根に仕えてたって？
Y：「さうらふ」ってどういう意味？
W：「そうろう」はお仕えする，だって。
O：だから，それを頼りにしていたってことでしょ。
W：頼りにしていた大根レンジャーが参上して助けてくれた。
O：そういうことかあ。
M：押領使が助けられたんだよね。
```

① 細部を棚上げする方略

　話し合いの傾向として見られたのは，とりあえずの読みを出し合い，それを共通の土台にして読み進めていくという方略である。厳格に前から順に意味を確定させていくというよりも，細部はとりあえず棚上げし，だいたいにおいて捉えられたイメージをグループで共有してから細部を読んでいくという進め方である。

　上記の発話では「だから誰かが出てきた系だよね？」という発話を切り口に，「誰か」の正体について共同で探究するやり取りが始まっている。

② 身近なものに置き換える方略

　古文を当時の表現のままで理解することはとても難しい。そこで「ヒーロー」「大根レンジャー」などのように，中学生にとって身近でイメージしやすいものに置き換えて内容を理解しようとしている様子が捉えられた。

B　解釈を協同で深めるための発言

　次に，話し合いの様子として注目したのが，古文の読解には直接は関わらないが，話し合いを効果的に進めている発言である。

① つなげる・付け足す

```
O「強くなったと思って／……」
M　　　　　　「／で，追い返して／……」
W　　　　　　　　　　　　「／で，毎朝二本ずつ焼いて食って，で，歳とった」
（※／は発話の途中で割り込んで話したことを示す。）
```

　協同で解釈しているプロセスがよく表れたのが「……で」「……で」という言葉でつないで，バトンタッチしながら解釈を進めていく「共話」のやり取りである。「共話」では，あたかも一人の人間が読み進めていくかのよう

に，前の人の解釈を連鎖的に受け継ぎ，他の言葉を足場かけとして解釈を発展させていく。話し合いの文脈に寄り添いながら，高い集中力で課題に臨んでいることがよくわかる。

② 質問する・突っ込む

交流の中で，「どういうこと？」や，「仕えたって意味なの？」というように，発言に対してすかさず質問する様子も見られた。①のつなげる・付け足す発言と同じく，お互いの言葉を聞き合い，関わり合って解釈を進める様子がわかる。

③ つぶやく・ぼやく

> M「まって，どういうこと？」 ／ M「もうわけがわからないね」
> M「ごめん，一人だけ話しについて行けない……」

Mさんがときおり発するつぶやきはとても興味深い。活動の中で「ついて行けない」などというぼやきが漏れることがあるが，このようなつぶやきを発言できること自体が，話し合いに参加し，話し合いについて行きたい気持ちを示している。わからないことはわからないと発言できることは，発言している自分のためだけでなく，話し合いが上滑りにならずに，お互いに手応えを確かめながら，解釈を確かなものとして練り上げていくためには必要な発言である。

5 評価と考察

(1) 評価

本単元の聞くことの評価は，話し合いの様子の観察，録音から判断した。

話し合いでどの生徒も活発に応答し，様々な解釈や意見を交わしながら一つの解答にまとめていくプロセスが見られた場合はAと判断した。

Bの基準は，多少発言が断片的であっても，最終的には一つの解として意見をまとめ上げ，合意を得られた場合である。Bに至らないグループへは，それぞれの生徒の意見を引き出し，それに対して他の生徒はどんな意見や感

想があるかを発言させて，つなぎ合わせ，話し合いが深まるように支援した。

(2) **考察**

　この授業から見えてきた「うみだす」（＝古文を解釈する）きく姿について具体的に考察する。

① **古文の解釈をどう協同で生み出していったか**

　本単元では，古文の読解という目的のために話し合いを行った。話し合いの方略として中学生が選択したのは，細部を棚上げする方略，身近なものに置き換える方略であった。これらは，話し合いの中で引き出された生徒たちの読みの方略である。古文のような，一人では，一読して理解が難しいテキストである場合，お互いの断片的な読みをつなぎ合わせる話し合い／聞き合いが有効であることが話し合いの様子から示唆された。

　また，この話し合い／聞き合いを機能させたのが「解釈を協同で深めるための発言」である。授業では，「つなげる・付け足す」発言，「質問する・突っ込む」発言，「つぶやく・ぼやく」発言などが見られた。これらの応答する関わりを通して，互いの気付きや解釈を重ね合わせながら，古文の解釈を精緻化していった。また，これらの発言は，脱線，拡散しがちな意見を，一つの文脈に収束させながら話し合いを進めるという機能を持っていた。

　「解釈を協同で深めるための発言」の存在は，お互いが助け合いながら効率的に読みを深めるためにどのような技術や姿勢が必要かということを示唆している。

　たとえ個の能力が高く，ある程度は一人で文章を解釈できる力を持っていたとしても，協同で取り組む技術や姿勢を持たないことには，より難しい課題には対応することができない。反対に，個の能力は不十分なものであっても，助け合いながら課題を解決する能力や技術を持っていることで，より高度な課題を解決することが可能になる。そのために協同で課題解決をしていくための技術や姿勢を身に付けていくことが必要である。

② 個人によって異なる読みの方略ときき合う交流の効果

　話し合いの様子を分析していくと、グループにおける発言の役割や読みの方略などには、ある程度の個人差が見られることがわかる。置き換えることが得意な生徒、突っ込みが得意な生徒など、個人によって、また相互の関係性によって、その傾向が異なることが考えられる。グループ内に異なった読み方や関わり方の傾向を持ったメンバーが存在し、相互作用しながら解釈し合えたからこそ、相乗効果を発揮して読解することができたとも言える。

　読解の学習においては、個人差や関係性による「読み方や話し合い方の偏り」を補完するためには、様々なタイプの学習者が集まって話し合い、聞き合うことは有効である。また「読み方や話し合い方の偏り」を補正するために、例えば「知っているキャラクターに置き換えて読んでみよう。」とか「他の発言に突っ込みしながら話し合うといいよ。」などという読み方や話し合いの方法をヒントとして教師が提示したり、「突っ込み役」「辞書引き係」などの役割を決めて、相互作用が生まれやすいような活動の設定をしたりすることも有効であるかもしれない。

（渡辺　光輝）

実践についてのコメント

　話し合いに全員を参加させることは、興味や性格、学力に個人差があるため、苦労することがある。積極的な生徒に対しては、ディベートのように個人の考えとは違う立場で意見を言わせて内容を深めることなど、様々な実践が行われてきた。この実践で着目した「つぶやく・ぼやく」は、意見を具体的にまとめる段階に達していなくても話し合いに参加でき、同意や疑問を示すことで、「きく」ことへの関心や話すことへの意欲を引き出せる。話し合いの前に役割や手法として生徒に示しておきたい。

　また、ジグソーは、読むことの負担軽減として用いられたが、授業で取り扱う教材の導入や、発展・補助教材の内容を効率的に把握させることにも使える。この実践のような謎解き形式での協同的な探求は、説話の面白さや、物語での登場人物の心情の理解などにも取り入れていきたい。

（坂田　慎一）

うみだす 14 話し手を支えるきき手を育てる「企画会議」

中学2年　単元名：メディアの特徴を生かして伝えよう

1　単元設定の理由

　情報化社会を生きる子どもたちには，様々な情報を見極め，再構成して新たな価値につなげていくことが求められている。その際，①誰に，②何を伝えたいかを明確にし，③効果的なメディアを選んで表現することで，他者と協働して課題を解決していくことが大切である。

　本単元では自分の考えを目的や相手・場面に応じて的確に説明する能力や，情報を分析・構成・発信する能力を身に付けさせたいと考えた。複数の単元を合わせることによって，資料収集や発表練習の時間を確保するとともに，「話すこと・聞くこと」「書くこと」「読むこと」を関連させて課題解決に向かうことができるようにした。その過程で企画会議を開き，話し手（書き手）が意図していることがきちんと伝わるかを聞き手（読み手）として助言し合う場面を設けた。このようにして，異なる立場や考えを取り入れたり，資料を関係付けたりして考えを形成していくことが，各教科の発表・論述・討議を充実させ，社会に生きて働く力につながっていくと考え，本単元を設定した。

【単元構想図「メディアの特徴を生かして伝えよう」】

「メディア社会を生きる」水越伸【読むこと】 「メディアと上手に付き合うために」池上彰

話し言葉と書き言葉の特徴を知ろう【言語】

話題を見付け構想を立てよう
企画書を書こう
企画会議を開いて課題を解決しよう
作品を発表しよう

〈能力表との対応〉

機能／三要素	情意	技能	認知
つかむ	・興味を持って最後まできく ・納得するまできく	・話題を捉えてきく ・順序や話の中心を捉えてきく ・メモをとりながらきく ・事実と意見、発言の異同を区別してきく	・きいてわかったことに気付く ・必要な情報を選んできく
ひきだす	・知りたいことをきく ・目的を自覚してきく	・わからないことや疑問をきく ・話し手の立場や意図を考えながらきく	・相手の言いたいことを予想しながらきく
はこぶ	・相手の気持ちに配慮してきく ・批判を冷静にきく ・反応を返しながらきく	・批判しながらきく ・先を予測しながらきく ・自分のきき方を振り返りながらきく	・流れに合っているか考えながらきく ・根拠の信頼性を考えながらきく ・論の展開や着地点を考えながらきく
うみだす	・相手の意見を尊重してきく ・合意や新たな価値を求めてきく	・自分の意見をまとめながらきく	・他の情報や自分の考えなどとを関連付けてきく

2 ねらい

(1) 学校生活や社会生活の中から話題を見付け、メディアの特徴を生かして伝えようとする。　　　　　　　　　　　　　　（第2学年A(1)ア）
(2) 異なる立場や考えを想定して、自分の考えをまとめる。
　　　　　　　　　　　　　　　　　　　　　　　　　（第2学年A(1)エ）
(3) 目的や状況に応じて、資料や機器などを効果的に活用して説明する。
　　　　　　　　　　　　　　　　　　　　　　　　　（第2学年A(1)ウ）
(4) 文章の構成や展開、表現の仕方について、書き手の意図や効果を捉える。
(5) 話し言葉と書き言葉との違いを理解し、使い分ける。

新学習指導要領では「情報の扱い方に関する事項」が新設され、「様々な媒体の中から必要な情報を取り出したり、情報同士の関係を分かりやすく整理したり、発信したい情報を様々な手段で表現したりすること」が求められている。また、指導に当たっては、コンピュータや情報通信ネットワークを積極的に活用する機会を設けることも示されている。そこで、メディアの特

徴を捉えた上で，学習者一人一人が最適なメディアを選びながら，自分の考えを目的や相手・場面に応じて的確に説明するようにした。この学習の過程で，情報を分析・構成・発信する能力を育成することを目指している。

3 単元計画　全8時間

次	時	主な学習活動	手立て・評価
1次	1	・誰に，何を伝えたいかを考える。	・「自分が伝えたい」かつ「相手が知りたい」話題を選ばせる。
2次	2	・「メディア社会を生きる」，「メディアと上手に付き合うために」（光村図書2年）を読んで，メディアの特徴を捉える。	・水越伸氏の考えと，池上彰氏の考えを比較し，分類させる。 特定の相手 ノート　手紙 教科書　　　　　　　携帯電話 書籍 雑誌 パンフレット 書き言葉 ─── インターネット ─ ビデオ ── 話し言葉 新聞 街頭広告　　　　　テレビ　ラジオ ポスター 不特定の相手
	3	・話し言葉と書き言葉の特徴を捉える。	・「やさしい日本語」（佐藤和之・光村図書2年）を読む。 ・どのメディアを使って，どのように伝えれば効果的か，伝え方の工夫をワークシートにまとめさせる。
3次（本時）	4 5 6	・企画会議で提示する資料を準備する。	・話し言葉の特性を考慮し，論理的な構成や展開，表や写真，図を工夫させる。
	7	・企画会議を開いてプレゼンテーションをする。	・①誰に，何を伝えたいのか，②メディアのどのような特徴を生かしているのか，③どのような工夫をしているのかが，効果的に伝わるように工夫させる。
	8	・企画会議でのアドバイスを基に作品を完成させる。	・企画会議で出たアドバイスを，聞き手（読み手）の反応として参考にさせる。

4 指導の実際（学習者Aの場合を中心に）

(1) 話題を見付けて構想を立てる

　ワークシートによると，学習者Aは社会の大人に，若い世代とインターネットのつながりのよい点を知ってもらいたいと考えている。社会の人々に広く知ってもらうために，新聞投稿，インターネットからの発信，ラジオ等への投稿を考え，長所と短所を比較している。その結果，載るかどうかはわからない，若い人はあまり読まないかもしれないという短所を認めながらも，じっくりとたくさんの人が読める新聞投稿を選択している。

　学習者Aの考えた方策は次の通りである。

>　新聞の読者欄に投稿してインターネットや携帯は中学生に悪い影響があると思っている人も，思っていない人も納得できるような，今の中学生とインターネットの使い方や影響，インターネットに対する思いを書く。また，それを大人にどう受け取ってもらいたいか，どういう対処をしてほしいかを書く。（とよいのではないか。）

(2) 企画書を書く

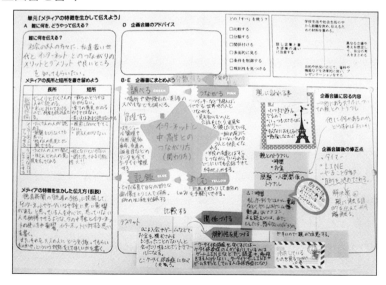

企画書では，インターネットと中・高生とのつながり方（関わり方）のメリットを分類したり，多面的に見たりすることで，インターネットのメリットを，①調べる，②つながる，③管理する，④記録する，⑤楽しむの５点に整理している。さらに，メリットと比較することによって，ゲームやＳＮＳへの依存がデメリットであることを指摘している。

　また，親に「いつまで遊んでいるの。スマホばかり触って。」と言われた経験から，動画を楽しむのはパソコン，読書は本であれば怒らない点に着目し，親がいろいろな機能を区別せず，単に「遊んでいる」と捉えている点も指摘している。若い人にとってスマホはいろいろなことをまとめてできる道具であり，スマホを触っているからといって，いつでも遊んでいるわけではないと考えているが，これらの考えは，企画会議前の文章には十分に反映されていない。

【未完成のもの】

　最近，ニュースや新聞で中高生のスマートフォンについての話題がよくとりあげられている。実際，私の周りでもたくさんの人がスマートフォンを持っている。
　連絡手段や学習への利用ができるといった長所がある一方，依存やトラブル，犯罪に巻き込まれるなどといった短所が問題となっている。
　では，どのようにすれば，安全で便利なものとして利用できるのだろうか。まずは，各家庭でのルールづくりが必要不可欠だと思う。例えば，使用時間を決めたりアクセスを制限したり……

(3) 企画会議を開いて課題を解決する

　企画会議の目的は，話し手としては，①自分の企画をみんなに知ってもらうこと，②聞き手（読み手）の反応を知り，作品作りに生かすことである。
　最初の文章を基に，学習者Ａが企画会議で班員に諮った課題は，①スマホについての親とのトラブルは他にどのようなものがあるか，②それに対してどうすればよいかである。班員からは，①については，お金と時間の問題が挙げられるとともに，他の人とも人間関係のトラブルを引き起こすことが指摘されている。その指摘を受けて学習者Ａが考えた解決策は，親に了解を得てから触ることである。

【学習者Aの企画会議後の文章】

> 　中学生の親とのけんかの理由として大きなものがスマホについてである。私自身もそうだ。両親に「もうスマホするのやめなさい。遊びすぎ。」などということを言われるのだ。確かに私のスマホの使用時間は長い。両親や，周りの大人の人は，スマホで私たちがしていることを「遊び」ということでひとくくりにしている。だがそれは，思いこみだ。
> 　同じ「スマホ」だとしても，していることは人それぞれ違う。私はアプリを入れて勉強しているし，音楽もきく。また時々遊んでもいる。遊びすぎているわけではない。なのに，親には，遊んでいると決めつけられ，怒られる。しかし，スマホでしている勉強を机に向かってしたり，将棋は将棋盤でしたり，本や漫画は本などで読んだりすれば怒られない。していることは同じなのに，スマホでまとめてしているだけで，怒られている。
> 　今，私たちのケータイ依存症などについての本がたくさん発行されている。だが，一番の解決法は，大人が私たちのしていることを知る，私たちがしっかり伝えるというコミュニケーションだと思う。これは，思春期の私たちと親にはもっとも難しいことだろうと思う。

　聞き手からスマホについての親とのトラブルとして，お金と時間の問題が挙げられたのを受けて，学習者Aは自分のスマホの使用時間が長いことを顧みている。

　企画会議の前の文章では依存やトラブル，犯罪に巻き込まれる点といった一般的な短所を指摘していたが，企画会議後は，勉強をしていることも，音楽を聞いていることも，ゲームをしていることも，親が「遊び」ということでひとくくりに捉えていることについて，具体的な事例を挙げながら異論を唱えている。

　企画会議に諮ったことによって，スマホを利用している目的がきちんと伝わっていないことに気付き，「各家庭でのルールづくり」を提案していた結論が，企画会議後はお互いがスマホを利用する目的を納得することの必要性に思いを至らせている。社会的にも問題視されているスマホの利用について，「大人が私たちのしていることを知る，私たちがしっかり伝えるというコミュニケーション」が一番の解決法であると提案をしている。自らの主張をするだけでなく，合意形成のための方策を探してまとめている。

それに伴って文章の書き出しも，抽象的な書き出しから，読み手を意識した具体的なものに変わっている。

5 評価と考察

(1) 評価

本単元ではワークシートの記述や，企画会議後の作品を基に，自分の伝えたいことが伝わるものになっているかを確認することで，思考をどのように練り上げているかを評価する。

（A）と判断される具体的な状況	聞き手の反応を確かめながら，資料の効果的な提示の仕方や，相手にわかりやすい語句の選択等を工夫して話している。
（B）と判断される状況を実現するための指導（手立て）	伝えたいことを明確にさせ，ホワイトボードや付箋等を用いて考えを整理した上で話すことができるよう指導する。

企画会議においては双方向の「きく」がある。能力表との対応で言えば，次のようになる。

```
              相手の気持ちに配慮してきく
   批判を冷静にきく            反応を返しながらきく
   ─── 話し手の思考 ───      ─── 聞き手の思考 ───
   ①聞き手（読み手）はど       ①誰に何を伝えたいのか。
    のように受け止めてい        ②メディアの特徴は効果的に
    るか。                       生かされているか。
   ②助言をどう生かせばよ       ③企画会議に諮られた課題に
    いか。                       どう答えればよいか。
              根拠の信頼性を考えながらきく
              論の展開や着地点を考えながらきく
```

企画会議においては，話し手と聞き手，双方がよりよいものをつくり上げようとする情意的な要素が不可欠である。その上で，技能が働き，認知が進

む。学習者Aは企画会議で得たアドバイスを生かし，自分の伝えたいことを相手の共感を得るような表現に推敲している。話し手（聞き手）から「ひきだす」「はこぶ」の「きく」が成果を挙げている。

(2) **考察**

　企画会議においては，①話し手の背景にある伝えたい思いは何なのか，②メディアの特徴が伝えたいことと合っているか，③話し手が今迷っていることや企画会議にかけられた議題にどう答えればよいかを判断しながら聞き，話し手に意見を返す聞き手の役割が重要である。話す以上に難しい役割であるが，自分のきき方を振り返りながらきくことのできる聞き手を育てることによって話し手が言語化できていなかった思考を引き出したり，考えをまとめたりすることができると思われる。話し手である学習者Aの立場からきくことの重要性を述べたが，大村はま氏が「じょうずな話し方」のために大切なことは，「自分の話している言葉を，自分で聞きながら話す」ことであると述べているように，自分自身が一番の聞き手になって，自分の話している言葉が聞き手にどのように届いているのかをメタ認知しながら話せるように育てていく必要がある。

（大井　育代）

実践についてのコメント

　きく力を深めるためには，学習に参加する全ての生徒が，きく内容について大差ない状態まで理解を深めておくことが必要である。

　本実践では，「わかりやすい作品を作るための企画会議」という場の設定により，話しながらききながら考えを深める活動が展開されている。

　よい企画書を作成するために「自分の捉えた話し手の意図がさらに伝わりやすい話し方を提案する」ための会議であるから，当然「話し手の意図を考えながらきき」，グループでその結果を基に討議をしなければならない。教材文の内容と，生活に直結した題材の選択により，生徒の「よい作品をつくりたい」気持ちが，深く考えながらきく場を生み出し，作品という形になって実を結んだことで，きくことのすばらしさも実感させた実践になった。　　（折目　泰子）

コラム 1 生徒の「きく」姿を把握する

(1) 実態を把握する術として

　私の授業を支えている大きなものの一つに,「きくカード」というものがある。これは,授業の度ごとに最後の約5分間で書かせている振り返りのためのB5判の大きさの紙である。その日の授業の振り返りを行うためのものであるが,自身の話す聞く行為について書き記すだけでなく,わかったことや気付いたことも,積極的に書くよう促してきた。

(2) 「きく」姿の実態

　昨年度の中学1年生の「きくカード」の実践（2クラス76名×年間132回）から,現代の中学生の「きく」の実態を拾ってみた。生徒たちのカードからは,以下のような文言が挙がってきた。
　　a　よく「きく」　　b　ちゃんと「きく」　　c　集中して「きく」
　　d　比べながら「きく」　　e　しゃべらずに「きく」
　　f　先生の方を向いて「きく」　　g　うなずきながら「きく」
　上記のa～dに関しては情意面の「きく」を,e～gに関しては行動面の「きく」を表している,と考えることができる。しかし,a～dは,教師側からは判断がつきにくい（見えにくい）「きく」姿である。つまり,生徒たちの意識の上で「よく」きいているわけであり,「集中して」きいているのである。一方,e～gの「きく」に関しては,教師側からは判断がつきやすい（見えやすい）「きく」である。この年の生徒たちの傾向としては,情意面を表すa～dの「きく」が多かった。この「きく」が,「きく」の能動的機能とどう関わっていくかを追究していこうと考えている。

（宇都宮　紀雄）

コラム 2 ホワイトボードを活用して「きく」力を育てる

(1) はじめに（小学校低学年の授業風景）

　低学年担任が話し始めるとき，「はい。おへそを先生の方に向けて，しっかりと目で聞きましょう。」と指導する姿をよく目にする。また，それは他の児童が発表するときにも徹底される。これは，低学年の児童たちに，まず「つかむ」能力の基礎を育成する指導だと言える。そして，その上に立って，「ひきだす」「はこぶ」「うみだす」能力へと高める指導が求められる。

(2) そのために（ホワイトボードの活用）＊

　ホワイトボードを使った話し合いが「きく」力を育成するのに効果的だと思われる点について，能力表の3要素と対応させると次の通りである。
　①全ての意見を肯定的に聞かなければならないため，「相手の意見を尊重しながらきく」など，情意面の能力が身に付きやすい。
　②相手の発言を聞きながらホワイトボードに書き取るため，「メモをとりながらきく」など，技能面の能力が身に付きやすい。
　③発散→収束→活用という順に聞くため，「論の着地点を考えながらきく」など，認知面の能力が身に付きやすい。

(3) その他として（新学習指導要領との関連）

　今回，新たに「情報の扱い方に関する事項」が加えられた。ホワイトボードは，相手の話に含まれている情報を手軽に可視化するツールとしても効果的である。机の横につるし，いつでも使えるようにしてみてはどうだろうか。

(津守　美鈴)

＊ちょんせいこ氏が提唱する「ホワイトボード・ミーティング」を参考にしている。

コラム 3　PCタブレットを活用して聴く力を育てる

　能動的な聴き手を育てるための一方法としてPCタブレットの活用が挙げられる。PCタブレットは小グループの対話学習に効果的である。

(1) 聴き方を鍛えるための活用

　音声言語はその場で消える。そこで，記録媒体としてPCタブレットを活用する。これは，小グループごとに手軽に対話の記録を撮ることができるという利点がある。筆記に加えPCタブレットを使用することで，より正確な対話の過程を掘り起こすことができる。掘り起こした発言を聴き，自分の意見が根拠を持って言えているか，相手の意見を聴いた後も，その意見に対して自分の意見がそれていないか，他者の話をじっくり聴き，核心を捉えて発言しているか，対話の記録を繰り返して見たり聴き返したりして点検できる。

(2) 対話の改善に向けての活用

　PCタブレットは対話の改善のためのツールとして活用できる。司会の方法や対話の重ね方を学習者が点検し合い，話し合いの技法を改善するのである。司会者は発言者の意見の意図を聴き取り，対話を進行する役割を担う。発言者の意見を的確に聴き取って，それに対する他者の意見を求めているか，自己点検にPCタブレットの記録を活用できる。PCタブレットは音声だけではなく映像があるため，司会者の視線や手振り，発言者や聴き手の表情がわかり，対話における姿勢の振り返りにも効果的である。

PCタブレットによる
対話の相互点検の様子

（川畑　恵子）

4 リフレクションタイムが育てる「きく」力
~読み聞かせる側の「きく」~

　「読み聞かせ」という学習は，一般的にきく側の「きく」力と行う側の「話す」力に着目したものである。しかし，行う側の「きく」力が読み聞かせという学習をより上達させていくのではないかと考えて実践を行った。

　実践は，中学3年生が小学3年生に民話を読み聞かせるものである。「民話」は『遠野物語』の一話を児童向けに書き換え（リライト）たもの。「読み聞かせ」は，本来は絵本を提示しながら音読する意味であるが，ここでは本を用いずに行う，素話，あるいはストーリーテリングに視覚的効果を加味した形で行った。というのも，特設単元での飛び込み授業であるということから，「民話の面白さを伝えること」に眼目を置いたことによる。小学生は，その後校外学習の一環として民話の調べ学習を行う予定になっている。

　そこで，学習目標は，「民話を伝える人々の生活や想いを受容する」，「対象を意識して民話をリライトする」，そして「読み聞かせで児童を楽しませ自分たちも楽しめる」とした。

　中学生のグループが小学生の教室へ行き，お店屋さん形式で3回繰り返す読み聞かせを行う。1ターンごとに小学生が感想を言い，中学生が解説を加えるといった交流を行い，その後，2分程度のリフレクションタイムをとる。小学生が感想メモを書いている間に，中学生は読み聞かせているときの小学生の反応や拾ったつぶやき，交流で話されたことをグループのメンバーで確認，共有して次のターンで修正する。よりよく相手に伝わる話し方のために，小学生の言葉を拾い上げ，意図を「きく」力がこのリフレクションタイムで育まれている。これは，事前・事中・事後の記録を行うことで，生徒自身が変容を自覚していることが大きい。

（森　顕子）

5　大切なことを意識して「きく」という生活習慣　～漢字の聞き取り～

　国語の授業だけではなく学校生活の様々な場面で、子どもが「言葉を意識してきく」ことを習慣付けていくことも大切である。日々の音読や計算練習のように「聞くこと」を意識する練習として行い、どの学年でも効果が見られたのが「漢字の聞き取り」である。

　帰りの会などで翌日の持ち物や宿題など、板書された内容を連絡帳に書き取らせているが、このときに次のような一文を読み上げて聞き書きをさせ、「できるだけ漢字に直してくる」という課題を出す。

　「明日の書写は、小筆で名前を書く予定です。」「今月の生活目標は、『廊下を静かに歩こう』です。」など、子どもたちに意識させたい内容を盛り込めるので、季節の折々に触れたり、その日の出来事を再認識させたりもできる。

○「耳で聞く言葉」を漢字に置き換えて認識する習慣

　授業中の大切な言葉もしっかり「きく」という意識を促すために、「冬になると北西からの冷たい《ピー（季節風）》が吹きます。」などと穴埋め式にする。また、耳にする言葉を漢字に置き換えて受け止める習慣を育むために、「『一期一会』は、茶道の心構えから生まれた四字熟語です。」のように、音として聞いただけでは意味がわかりにくい言葉を入れる、などの工夫も心がけた。

　五七五のリズムに合わせた聞き取りも数多く取り入れてきたが、例えば、「尿検査臭わないのに鼻つまみ」と、川柳にして笑いを誘った翌朝は、習ってもいない「匂い」か「臭い」のどちらの漢字が相応しいかという議論まで巻き起こった。「きく」対象が言葉である限り、その意味をしっかりと受け止める意識、言葉を「きく」ことを楽しむ習慣を身に付けさせたい。

（村上　博之）

… あとがき ───

　国語教育実践理論研究会（略称「ＫＺＲ」）は，1961年に飛田多喜雄氏が主宰し，「国語教育実践理論の会」として設立された。以来，国語教育の研究者及び小中高校及び大学の教員が集まり，一つの研究テーマのもと，各自の実践や研究を持ち寄り学び合っている。全国の会員が，各地区で例会に参加し，毎年夏の大会に参集して一年間の実践研究の成果を報告し合い切磋琢磨している。

　本研究は2013年の秋から研究テーマの検討と絞り込みを始め，2014年の夏の研究大会から本格的な実践研究を始めた。手探りではあるが各実践者が先行研究に学び，各学級に合わせた指導の工夫をし，その成果を発表してきた。2016年の夏に一応の研究をまとめ，本書でその成果の一端を残すことができた。

　音声言語教育は，平成になる頃からその重要性が叫ばれ，実践研究が盛んに行われ，一定の成果が示された。本書の各所で述べているように，話すことの指導が広がり深まるにつれ，もう一方の「聞く」ことの指導の手薄さ，難しさが指摘されるようになった。しかし，そこにどうメスを入れていけばよいのか，国語教育界が立ち往生していた，というのが当時の状況であったし，現在もほぼ同じかもしれない。

　「きく」ことは，考えることに直結し，そのきき方によっては思考の拡充，深化にも及び，言葉の力を育むことにつながる。そう考えれば，「きく」ことの指導がいかに重要かと今さらながら思い至る。

　自分のきき方やきいている内容に自覚的になる，そのための学習指導は多くの課題を抱えている。

　またもう一つの大きな課題は，その評価である。きいていたことやそこで考えていたことを教師が見とること，さらに全ての学習者の見とりを行うこ

とは大きな困難が伴う。本研究ではその困難に少しずつ切り込んでいきたいとも考えた。その過程で，評価すべききくことの能力を，欲張り過ぎずエッセンスだけを抽出する作業に取り組み【能動的に「きく」ことの能力表】を作成した。さらなる精査の必要があり，授業実践での活用もこれからであり，ご批判，ご指導をいただければ幸いである。

　また，本研究では，村松賢一先生のご指導をいただくことができた。2016年の夏の大会でご講演いただき，特に「きく」ことの評価の在り方に貴重なご示唆をいただいた。きいたことが生かされる仕掛け，例えば，きいてからどのように質問しているか，他の意見を受けてどのような発言をしているか，それらを記録するすべを用意すること，教師の評価だけでなく学習者が相互に評価し合うことで評価の精度を上げる工夫をするなど，多くのご教示をいただいた。この場を借りて御礼申し上げる。

　読者の皆様に，忌憚のないご意見ご指導をいただき，本研究のさらなる進展と国語教育の発展に今後も努めたいと考えている。

　最後に，本書が上梓に至ったのは，明治図書出版，とりわけ企画の相談，編集に至るまで細やかにご対応いただいた，木山麻衣子編集部長のご尽力のおかげである。深く感謝申し上げる。また，本研究をこのようにまとめることができたのは，執筆には関わっていない本会の会員を含む会員諸兄姉との学び合いや支えがあってのことであることを述べ，感謝の意を伝えたい。

2018年7月

　　　　　　　　　　　　　　　　　　　　　　　　　　　阿部　藤子

【執筆者紹介】

益地　憲一
前　関西学院大学教授
植西　浩一
広島女学院大学教授
阿部　藤子
東京家政大学准教授
相原　貴史
相模女子大学教授
澤本　和子
日本女子大学名誉教授
米田　猛
富山大学教授
岡田　博元
お茶の水女子大学附属小学校教諭
桑原　辰夫
千葉県野田市立宮崎小学校長
宮城　久雄
兵庫県尼崎市立浜小学校教諭
薦口　浩一
兵庫県西宮市立大社小学校教諭
岡島　眞寿美
奈良県葛城市立忍海小学校教諭
石原　雅子
奈良学園中学校・高等学校教諭
片山　守道
お茶の水女子大学附属小学校教諭
府川　孝
前　神奈川県小田原市立山王小学校教諭
藤枝　真奈
お茶の水女子大学附属小学校教諭
小林　邦子
東京都立川市立第九小学校長
佐田　壽子
前　奈良県宇陀市立榛原西小学校教諭
田口志津代
奈良県上牧町立上牧第二中学校教諭
萩中奈穂美
富山大学人間発達科学部附属中学校教諭
宮嵜　信仁
佐賀県武雄市立武雄中学校教諭

荻野　聡
東京学芸大学附属竹早中学校教諭
川嶋　英輝
前　北海道札幌市立豊平小学校長
友永　達也
神戸大学附属小学校教諭
宝代地まり子
愛甲学院専門学校非常勤講師
下田　聡子
東京都東村山市立秋津小学校教諭
矢野　薫
東京都大田区立松仙小学校教諭
宗我部義則
お茶の水女子大学附属中学校教諭
梅津　健志
千葉県柏市立酒井根東小学校長
菊地　圭子
東京学芸大学附属竹早中学校教諭
竹内　里美
東京都東久留米市立第一小学校教諭
渡辺　光輝
お茶の水女子大学附属中学校教諭
坂田　慎一
佐賀県立小城高等学校教諭
大井　育代
鳴門教育大学附属中学校教頭
折目　泰子
徳島県鳴門市鳴門中学校長
宇都宮紀雄
八女学院中学・高等学校教諭
津守　美鈴
徳島文理大学准教授
川畑　惠子
前　奈良教育大学附属中学校教諭
森　顕子
東京都学芸大学附属竹早中学校副校長
村上　博之
関東学院小学校教諭

【監修者紹介】

益地　憲一（ますち　けんいち）
国語教育実践理論研究会会長。
元関西学院大学教育学部教授。兵庫県生まれ。お茶の水女子大学附属中学校教諭，信州大学教育学部教授等を歴任。
〈著書〉
『国語科指導と評価の探究』（溪水社，2002年）
『大正期における読み方教授論の研究―友納友次郎の場合を中心に―』（溪水社，2008年）など多数。

【編著者紹介】

国語教育実践理論研究会
（こくごきょういくじっせんりろんけんきゅうかい）
略称 KZR。1961年発足の「国語教育実践理論の会」（飛田多喜雄氏が主宰）の後継研究会。現場の国語科学習指導の実践と理論の架橋を目指して研究活動を進め，その成果を著書にまとめている。近年の刊行物としては次のようなものがある。
『誰にでもできる教材研究法の開発』（明治図書出版，1990年）
『新提案　教材再研究―循環し発展する教材研究　子どもの読み・子どもの学びから始めよう』（東洋館出版社，2011年）
『〈書く〉で学びを育てる―授業を変える言語活動構造図―』（東洋館出版社，2014年）
【事務局】　お茶の水女子大学附属中学校内　宗我部義則

国語教育選書
対話的に学び「きく」力が育つ国語の授業

2018年8月初版第1刷刊	監修者	益　地　憲　一
	ⓒ編著者	国語教育実践理論研究会
	発行者	藤　原　光　政
	発行所	明治図書出版株式会社

http://www.meijitosho.co.jp
（企画）木山麻衣子（校正）㈱東図企画
〒114-0023　東京都北区滝野川7-46-1
振替00160-5-151318　電話03(5907)6702
ご注文窓口　電話03(5907)6668

＊検印省略　　　　　組版所　藤原印刷株式会社
本書の無断コピーは，著作権・出版権にふれます。ご注意ください。

Printed in Japan　　ISBN978-4-18-236511-9
もれなくクーポンがもらえる！読者アンケートはこちらから→